RETRATOS
de
personas excepcionales

CATÁLOGO DE ARTE

Inmaculada Ruiz-Morales

Editorial Tapahuapa

Edinburgh 27 de Abril de 2021

ISBN: 9798744606503

Imprint: Independently published

Dedicado con cariño y admiración a todos los
ilustres personajes que se dejaron retratar.

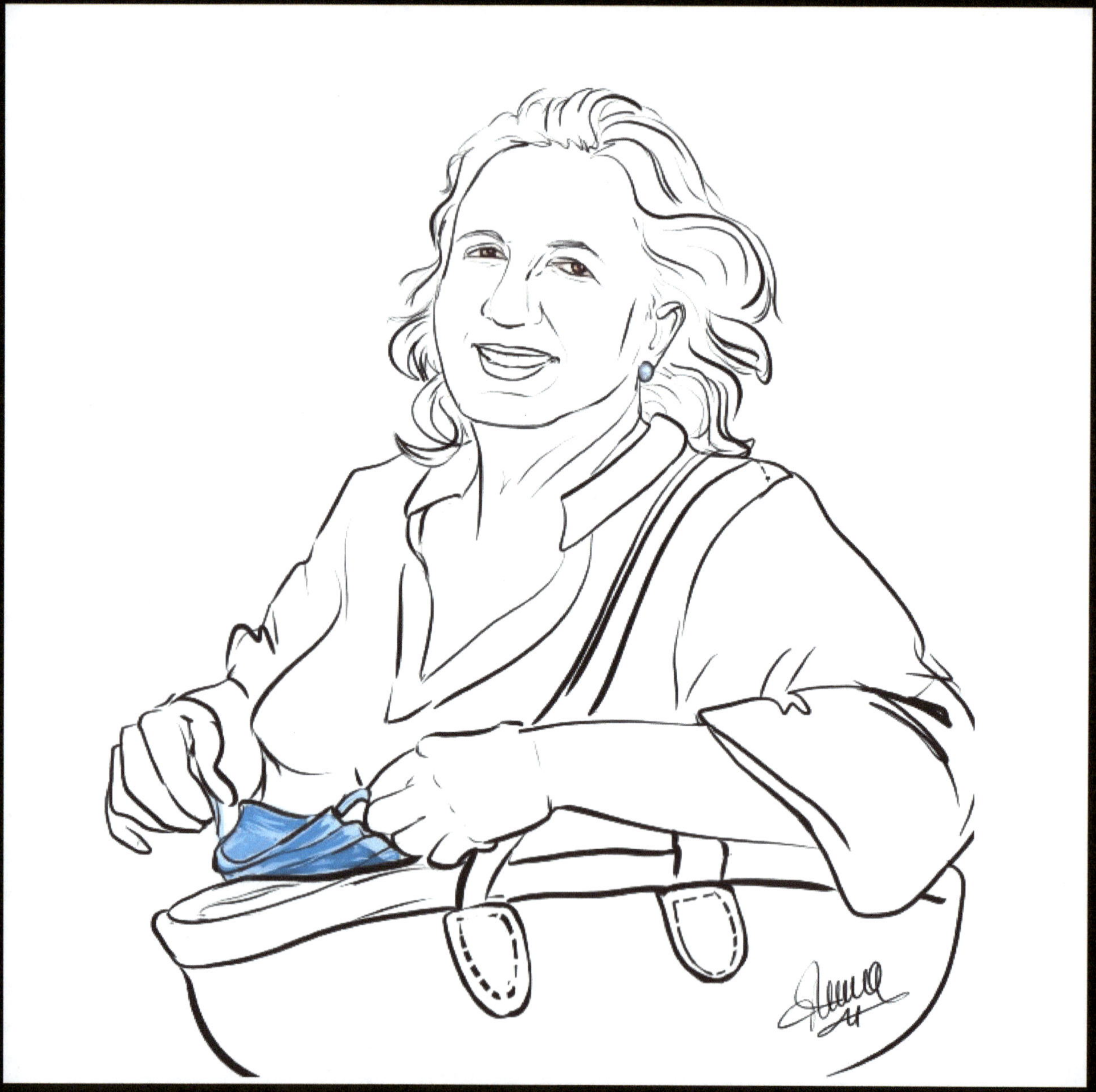

Isabel

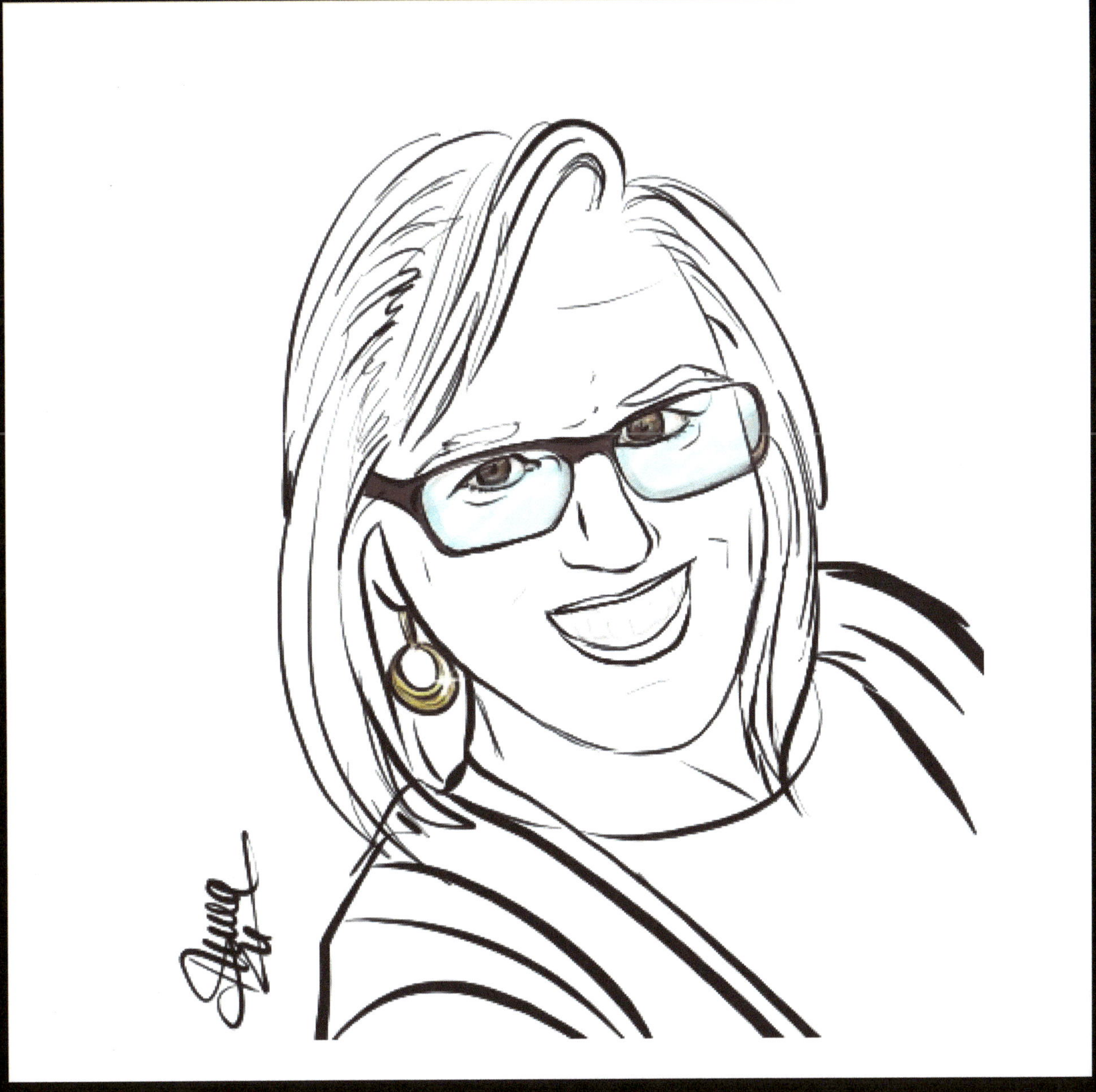

María José

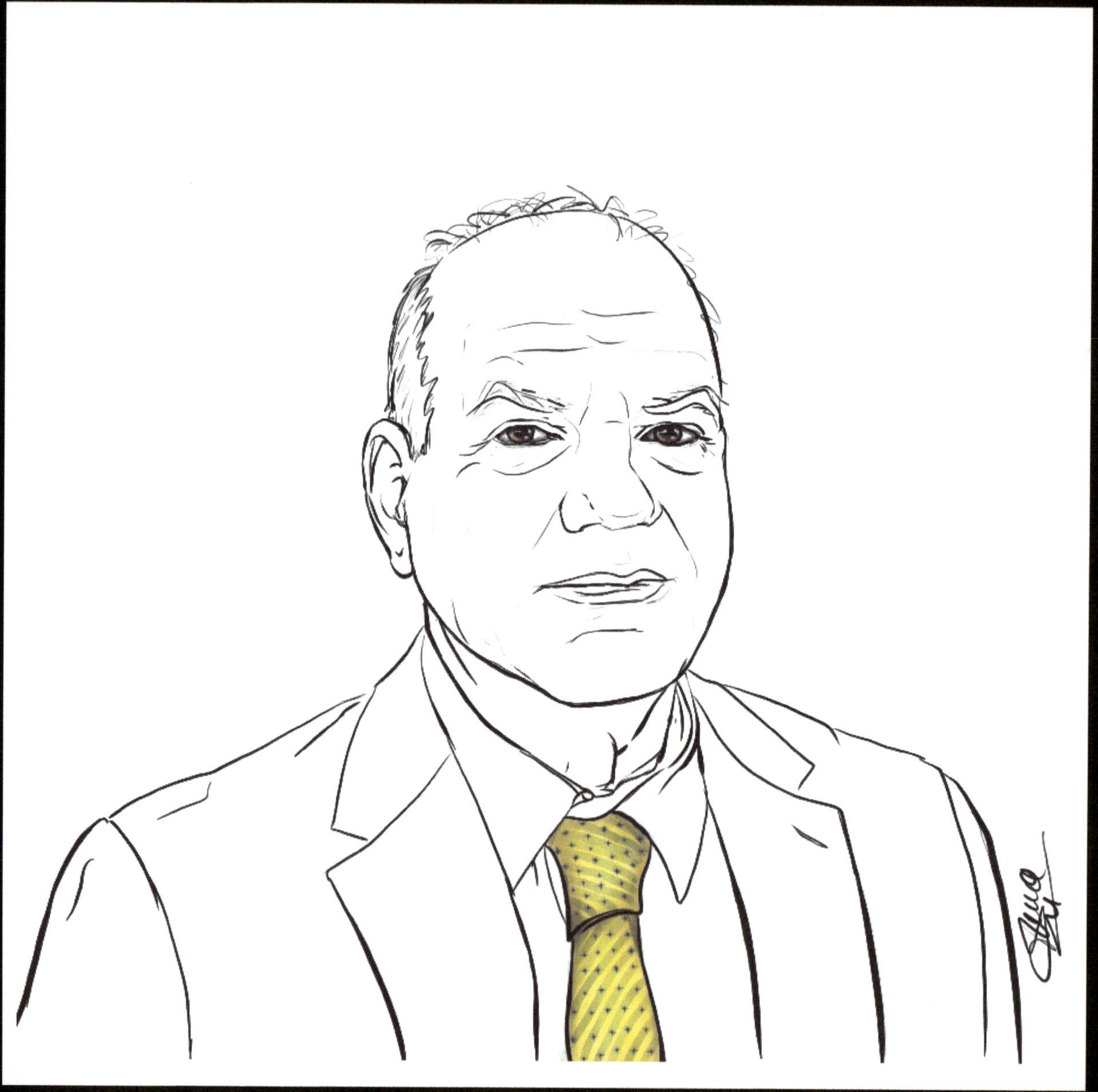

Gino

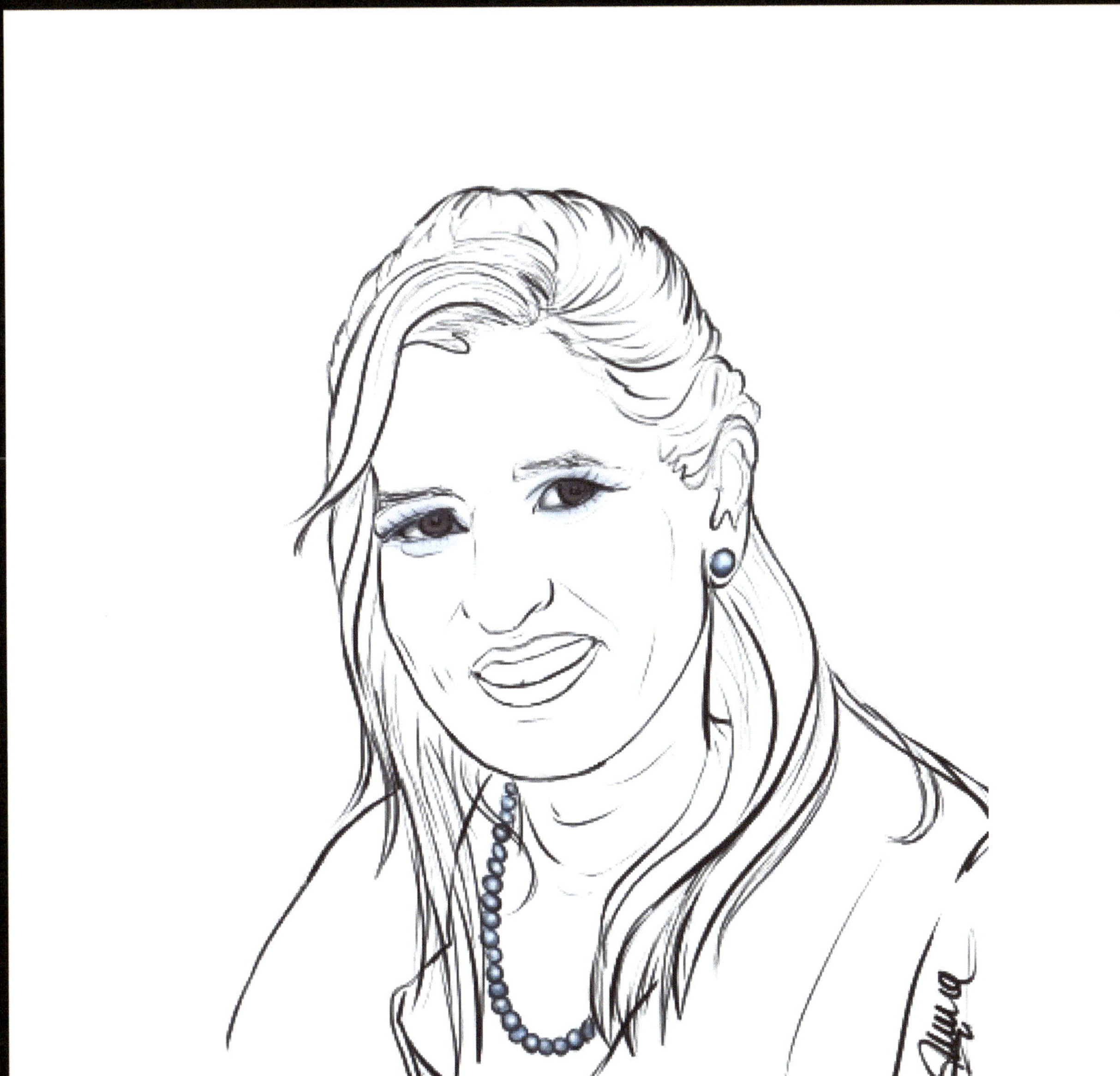

Carmen

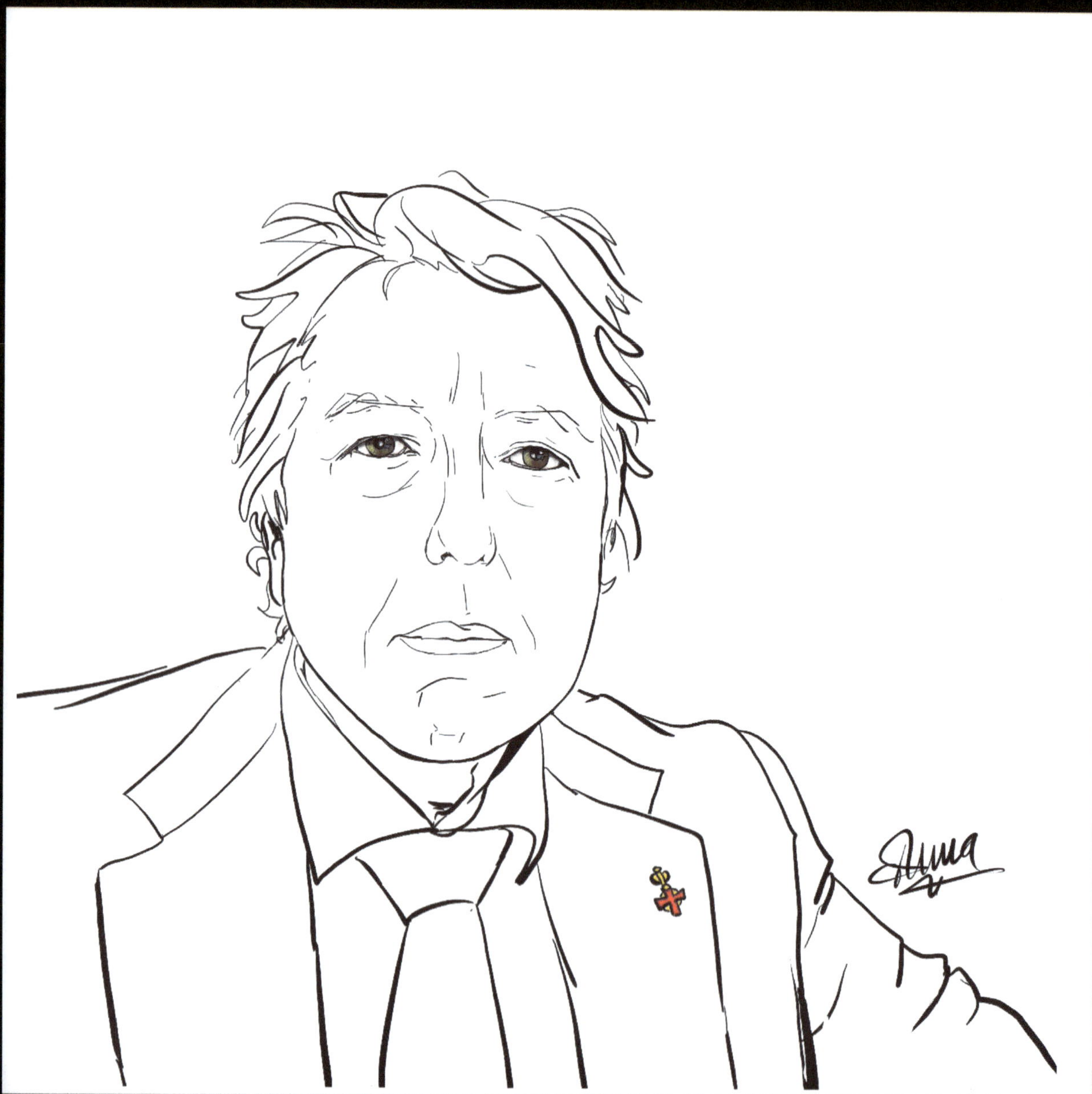

Jose Carlos

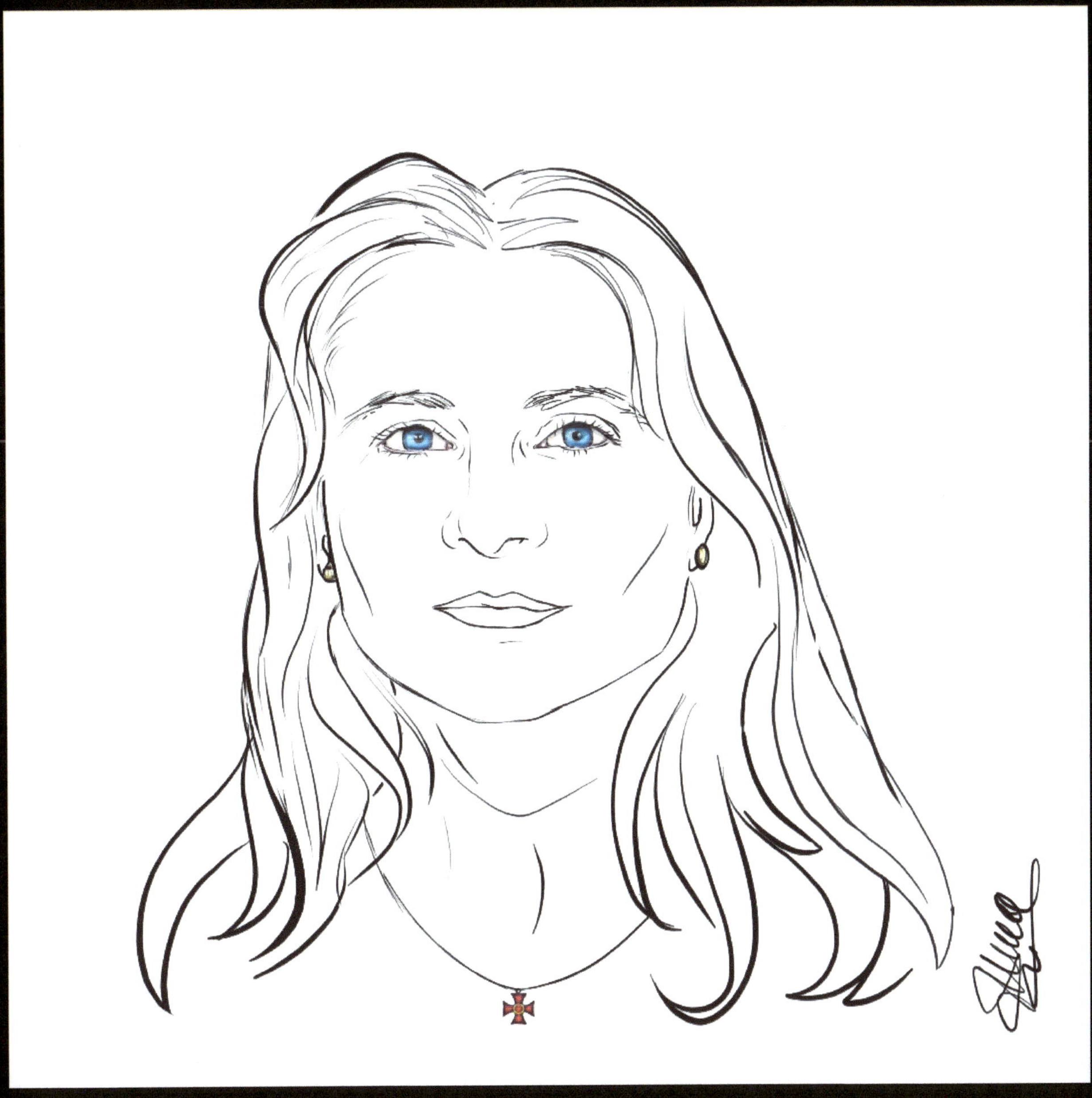

Sonya

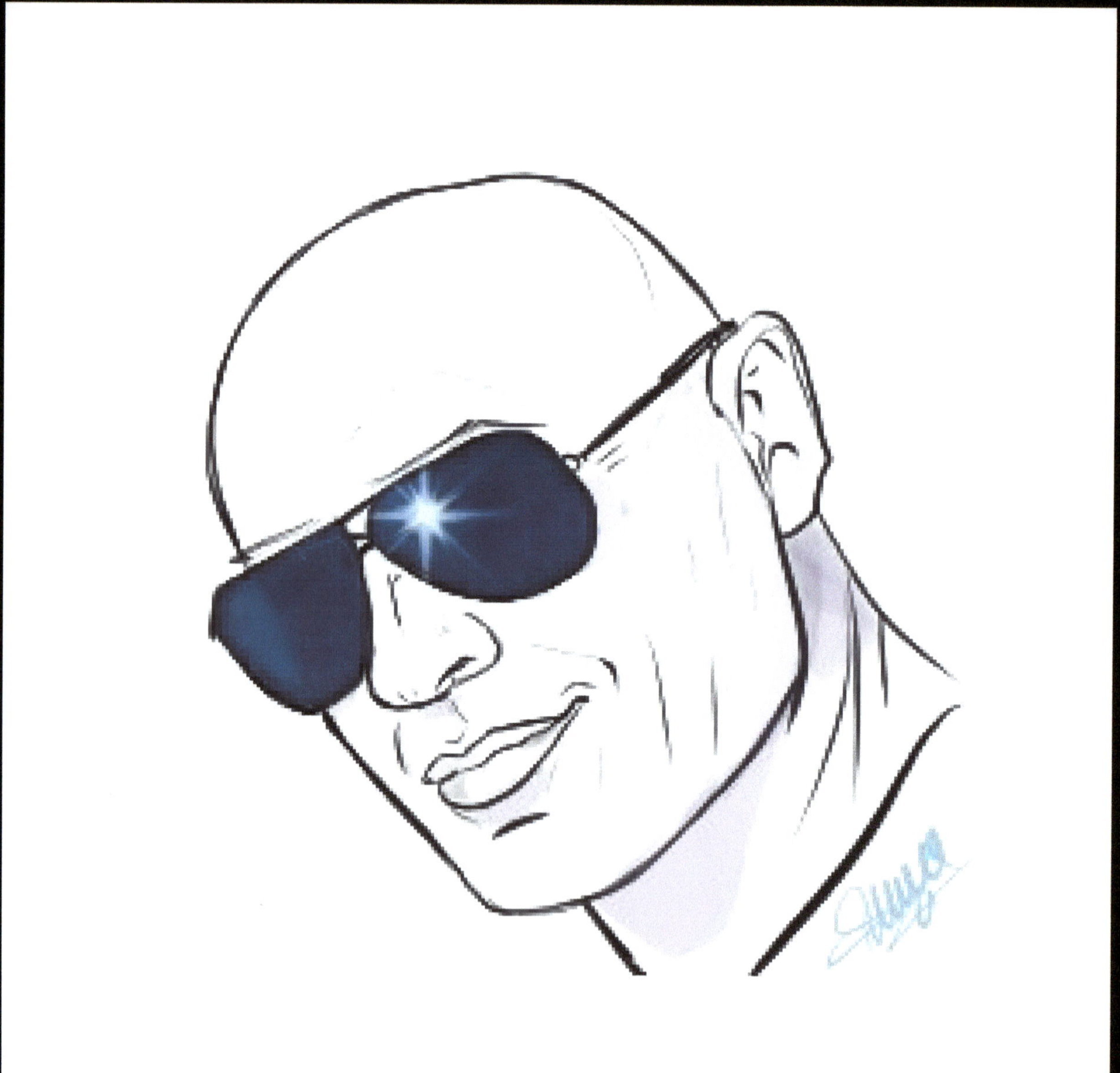

Carlos

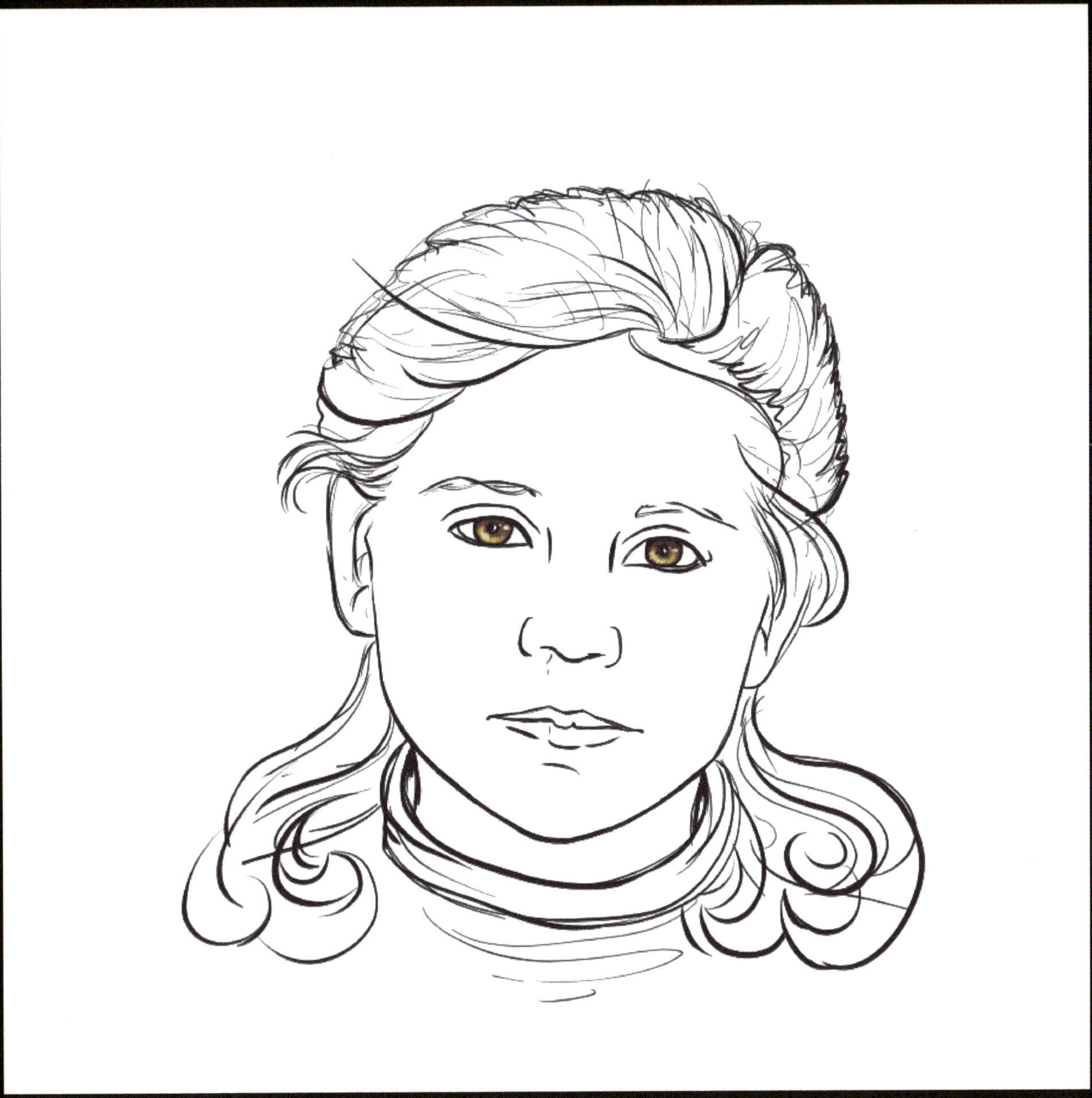

Lucy

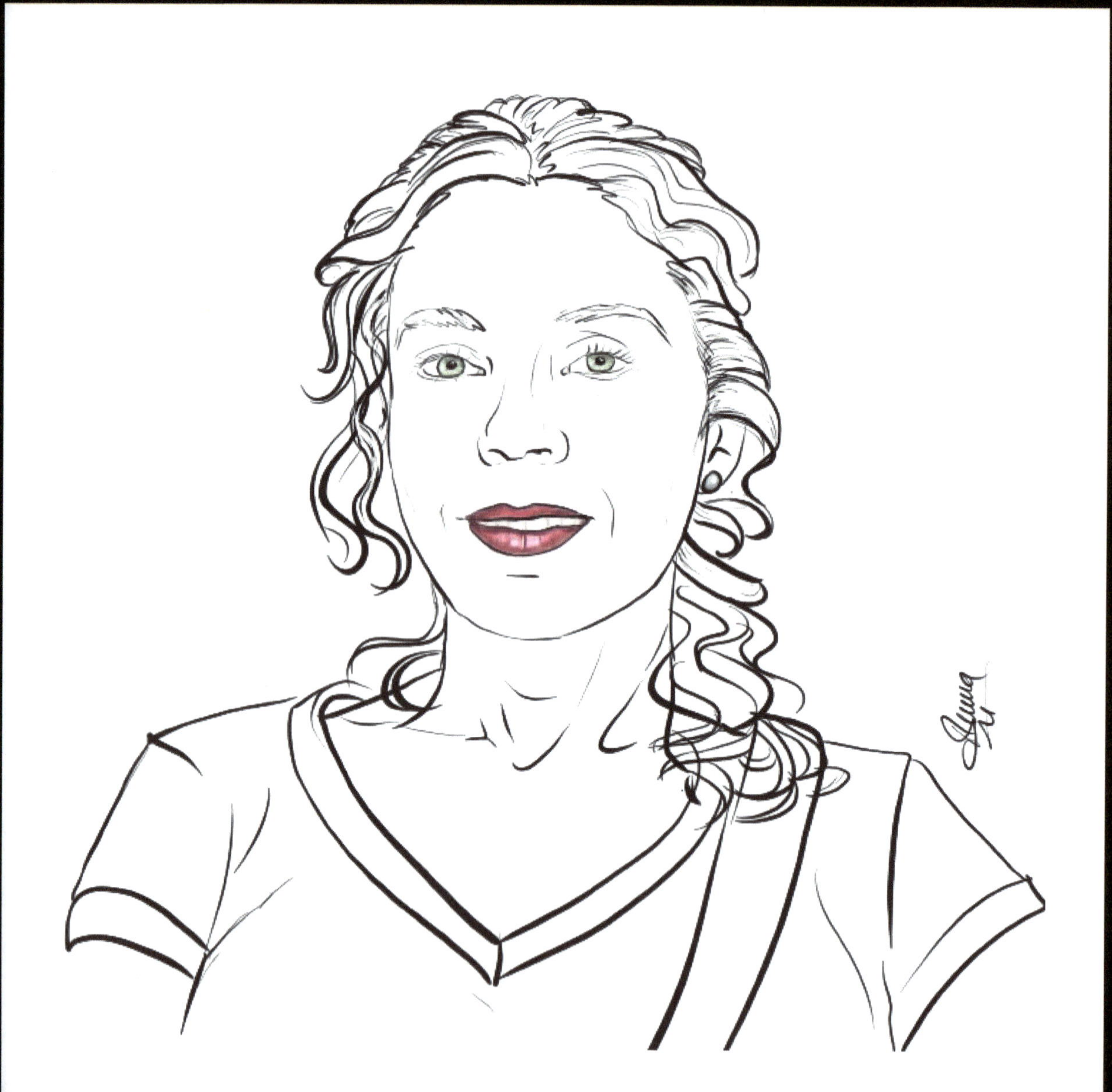

Lidia

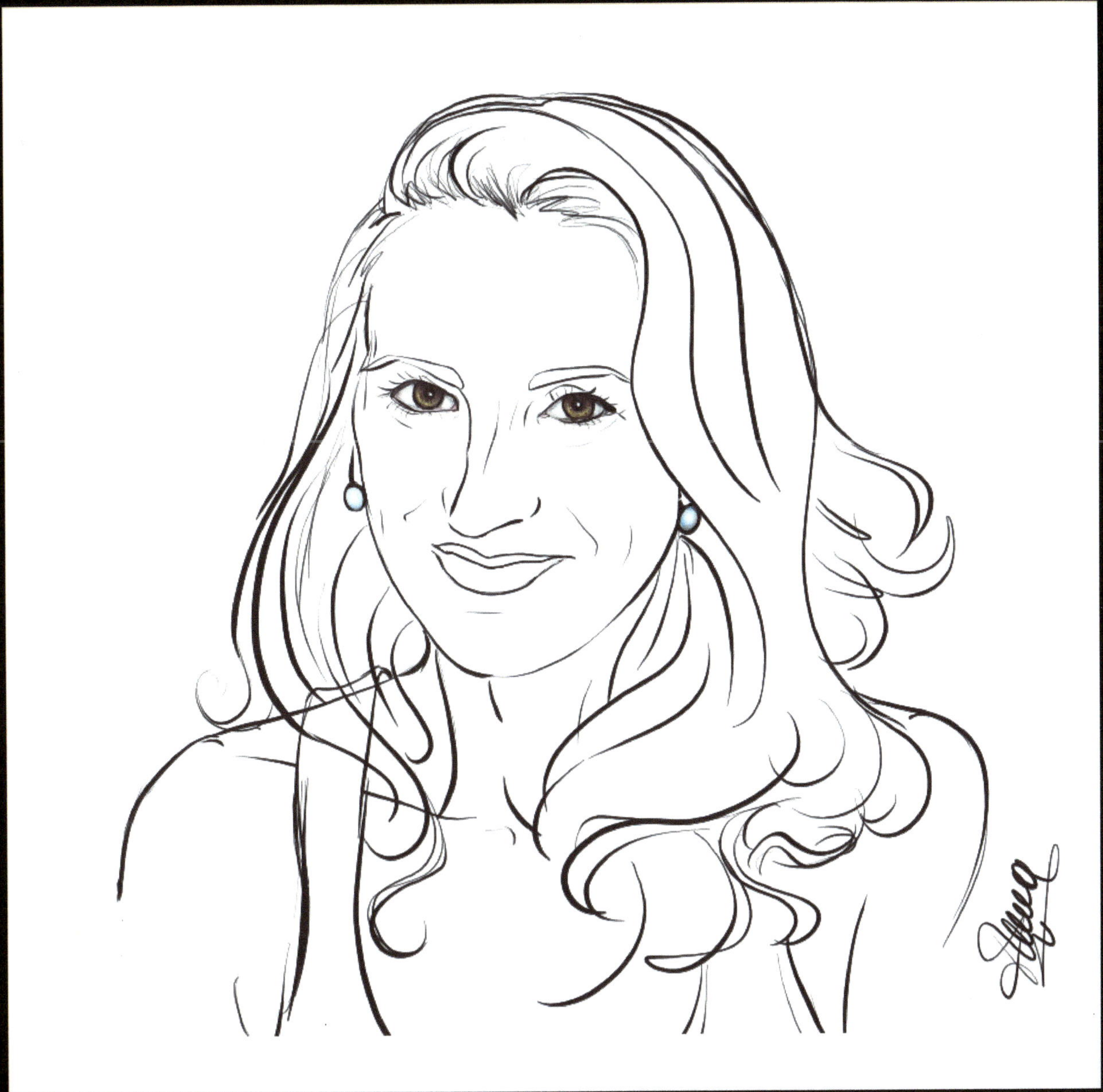

Trini

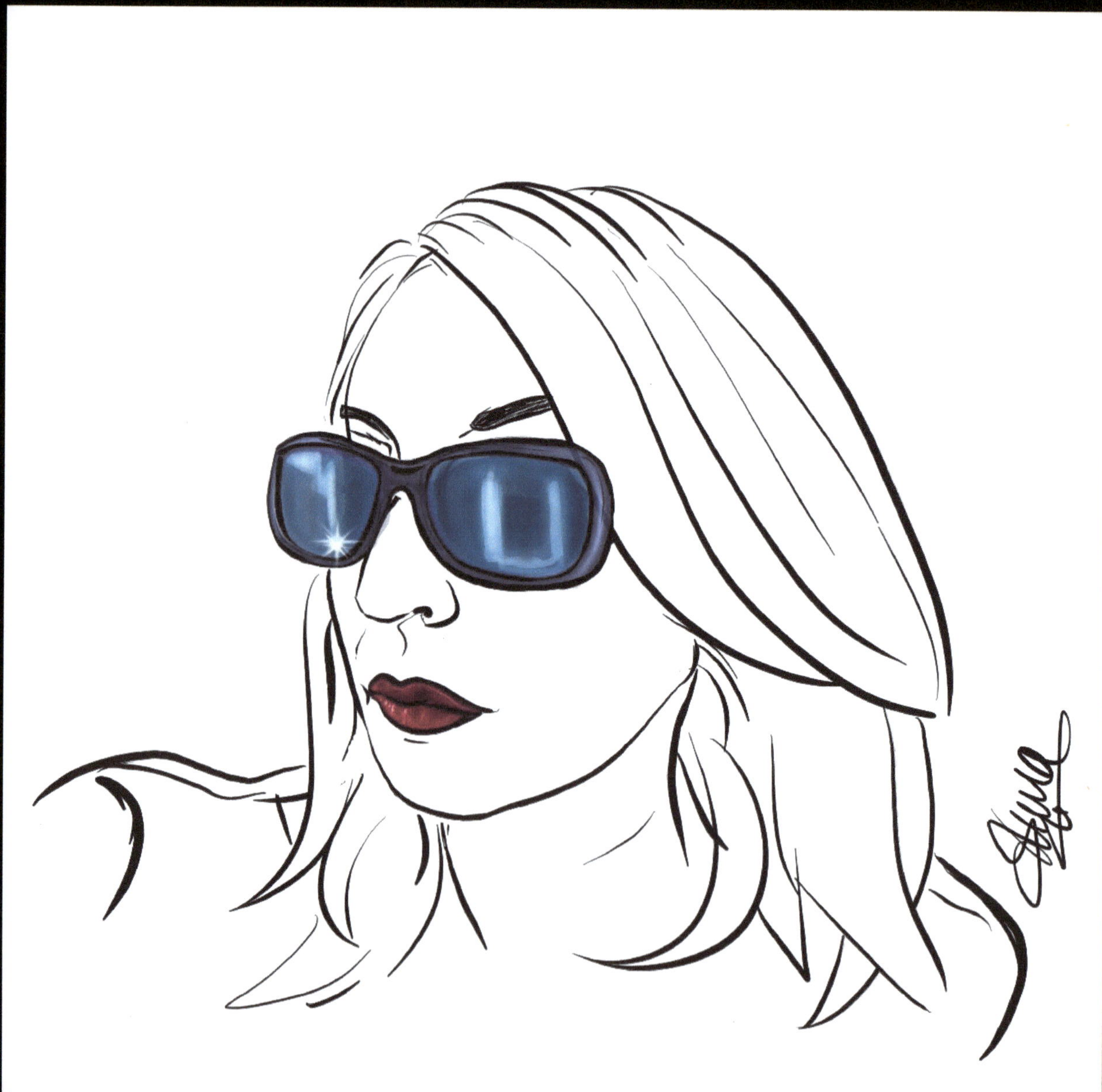

Lourdes

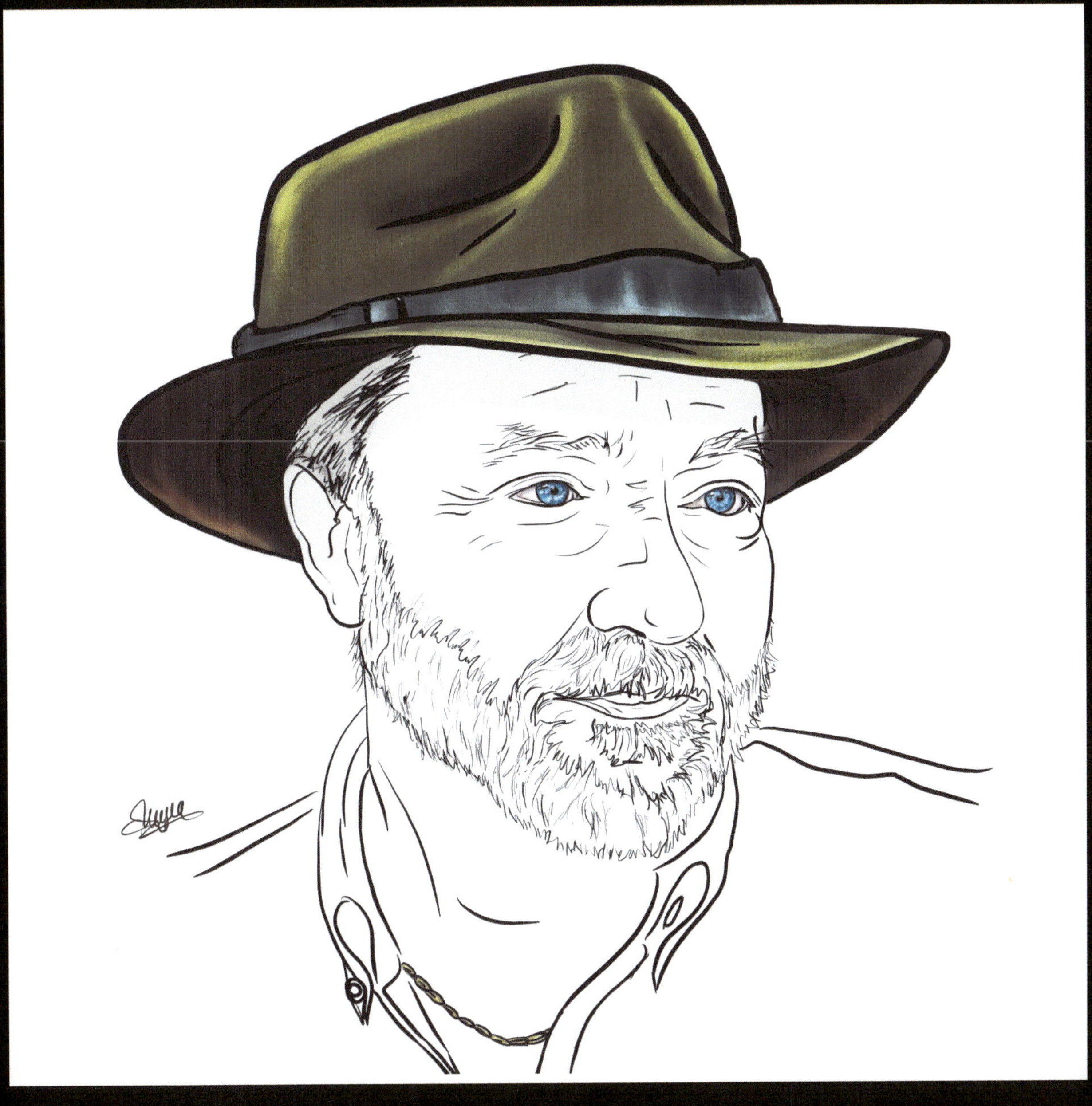

Paco

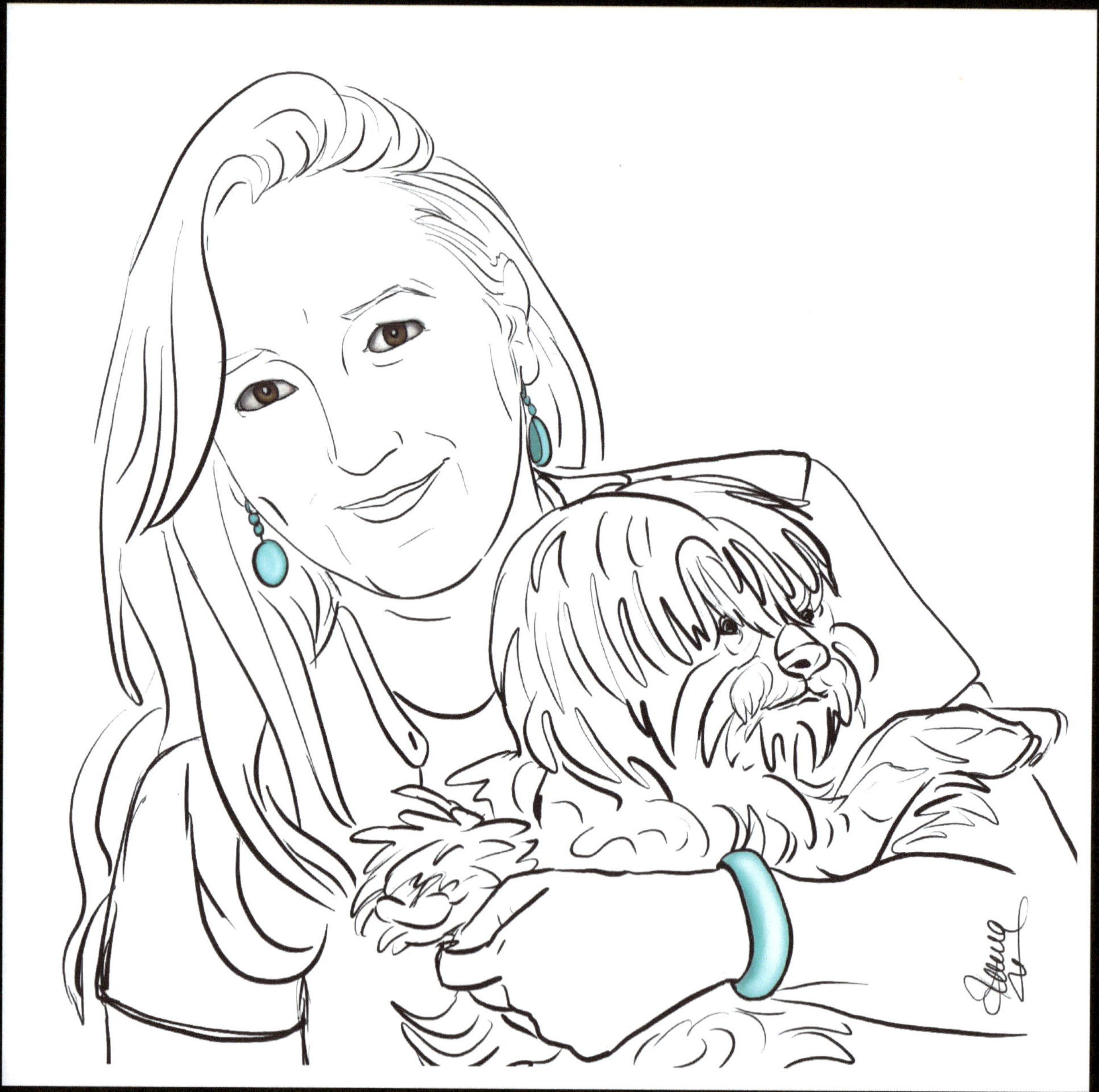

Montse y su perrito

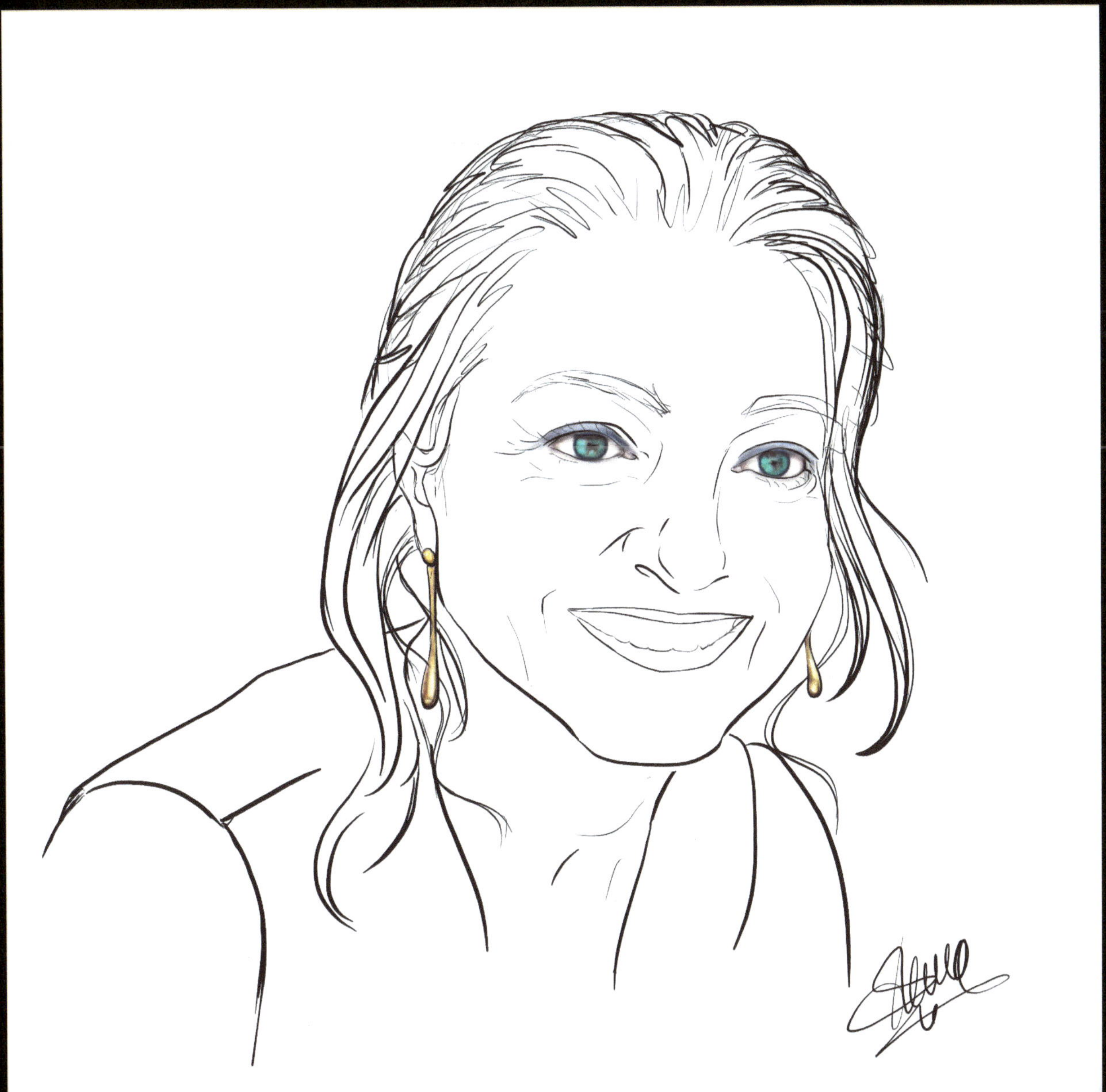

Rosa María

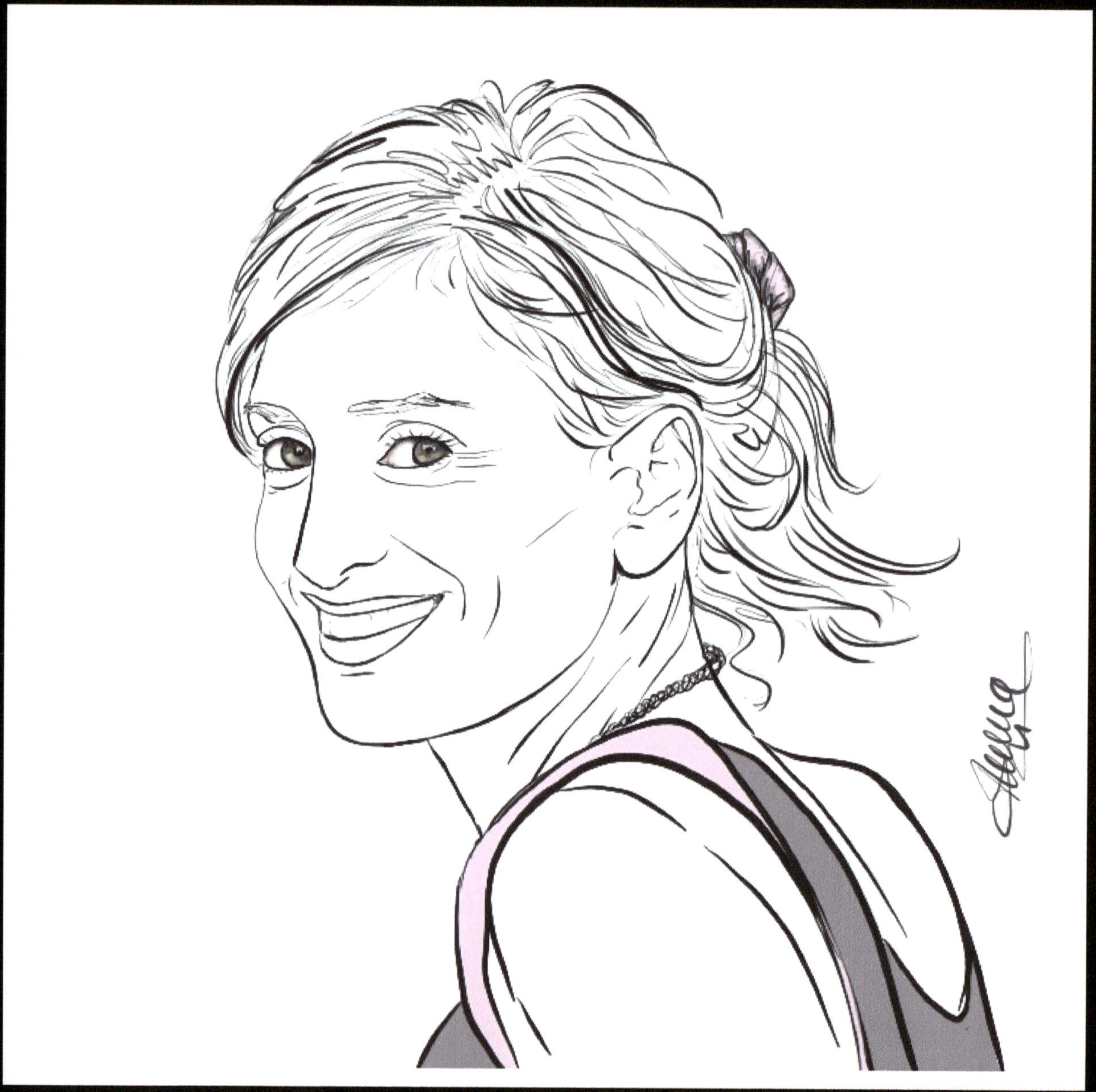

Audrey

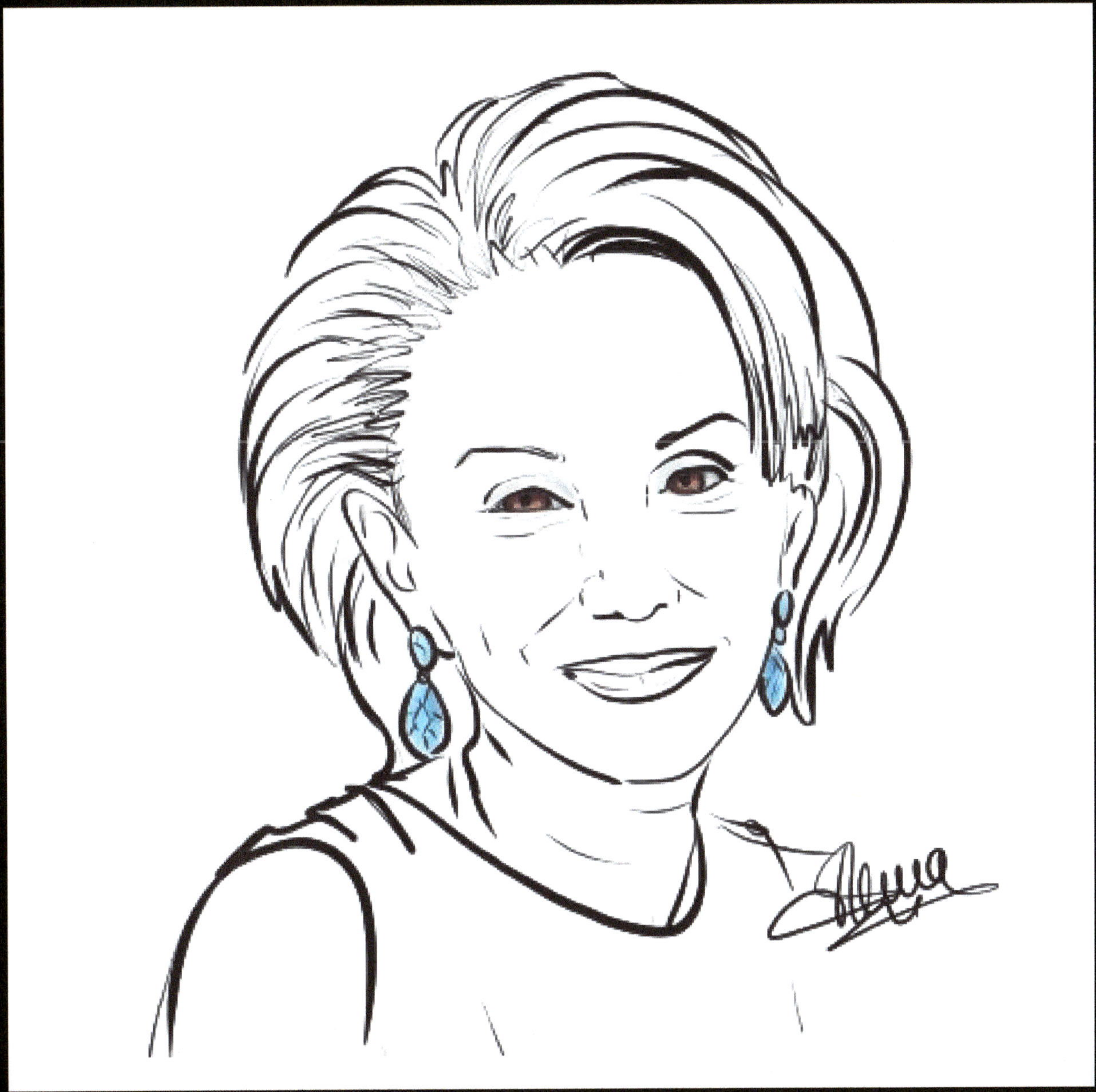

Maritza

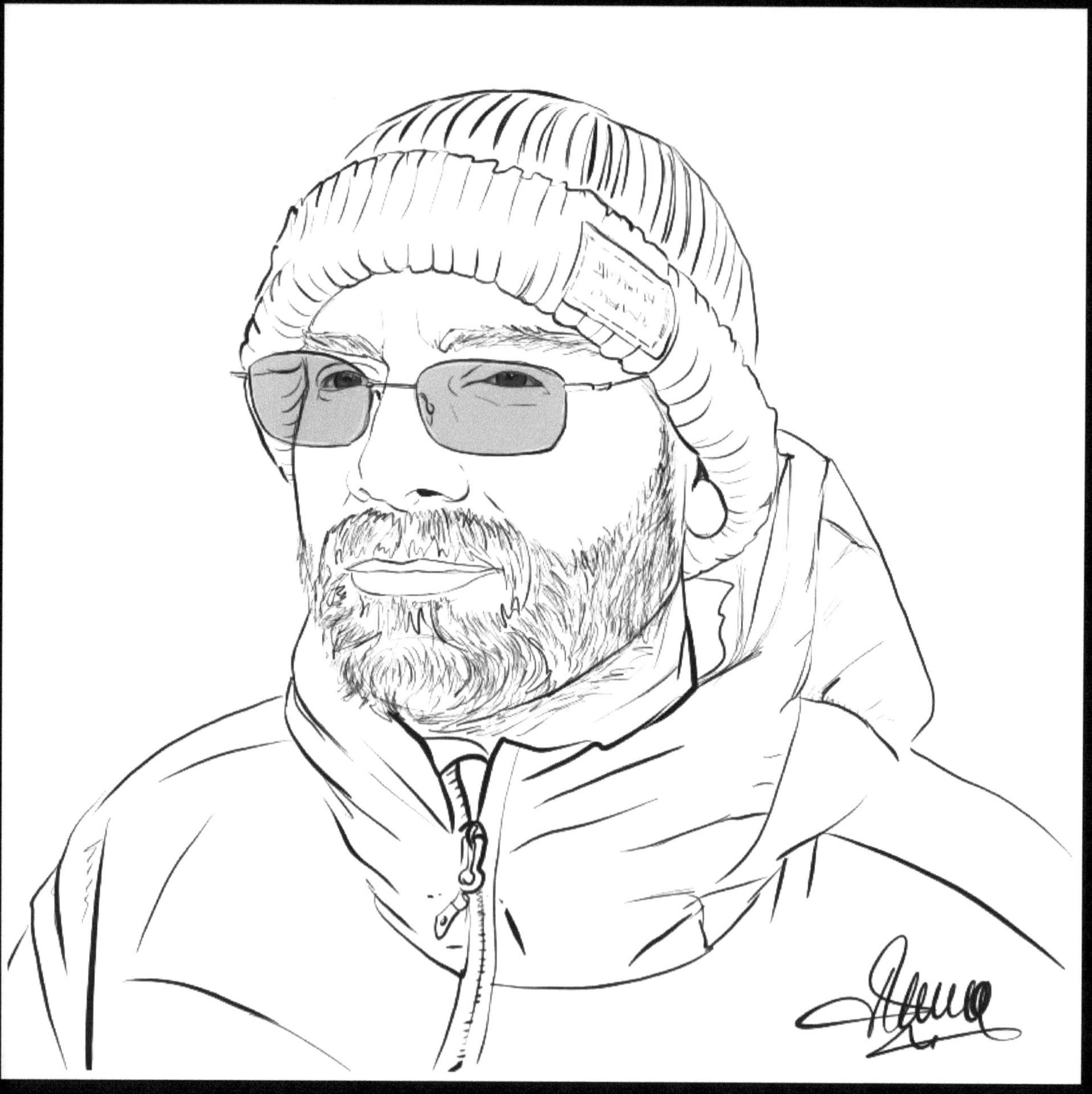

Aldo

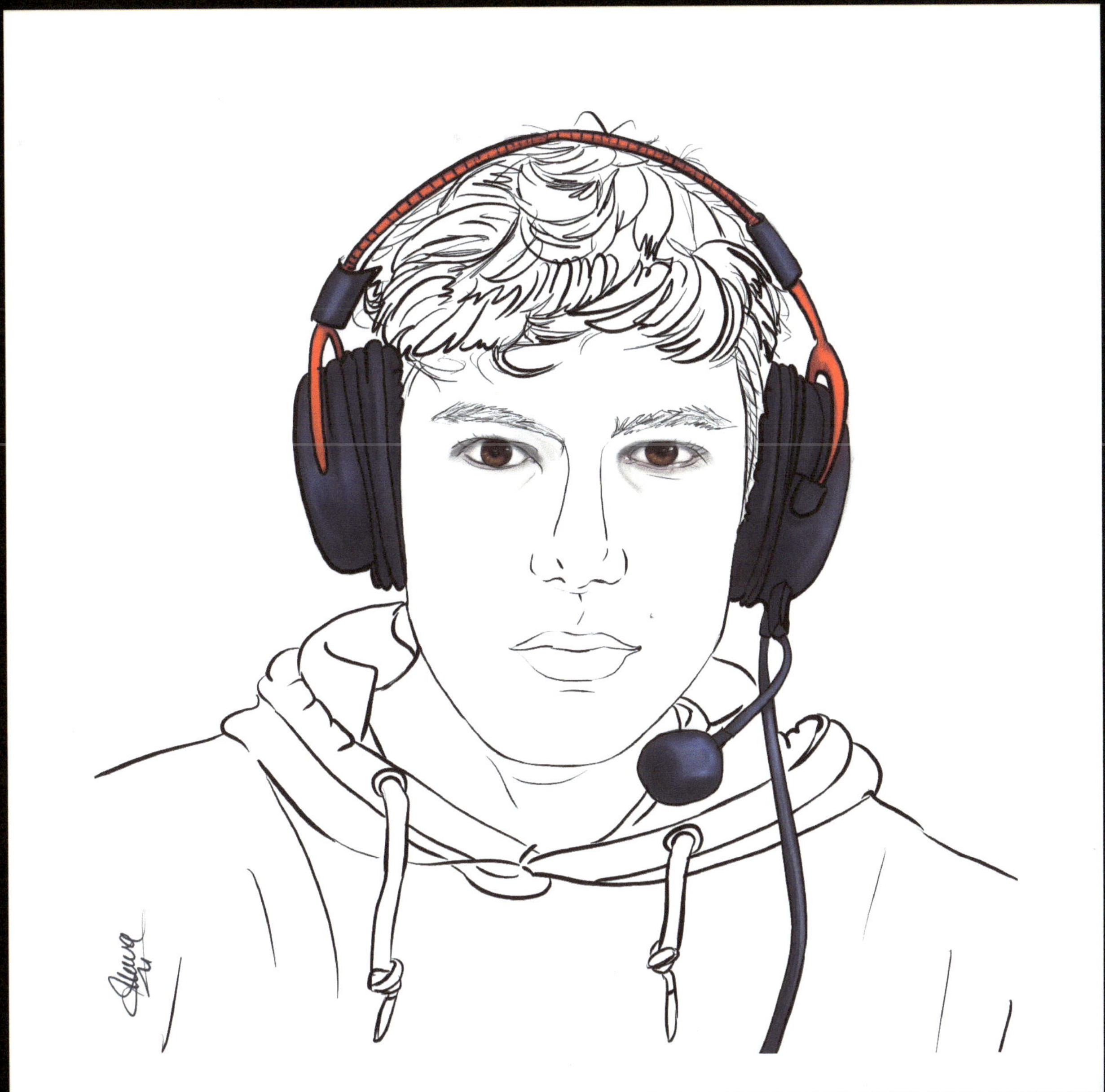

Andrés

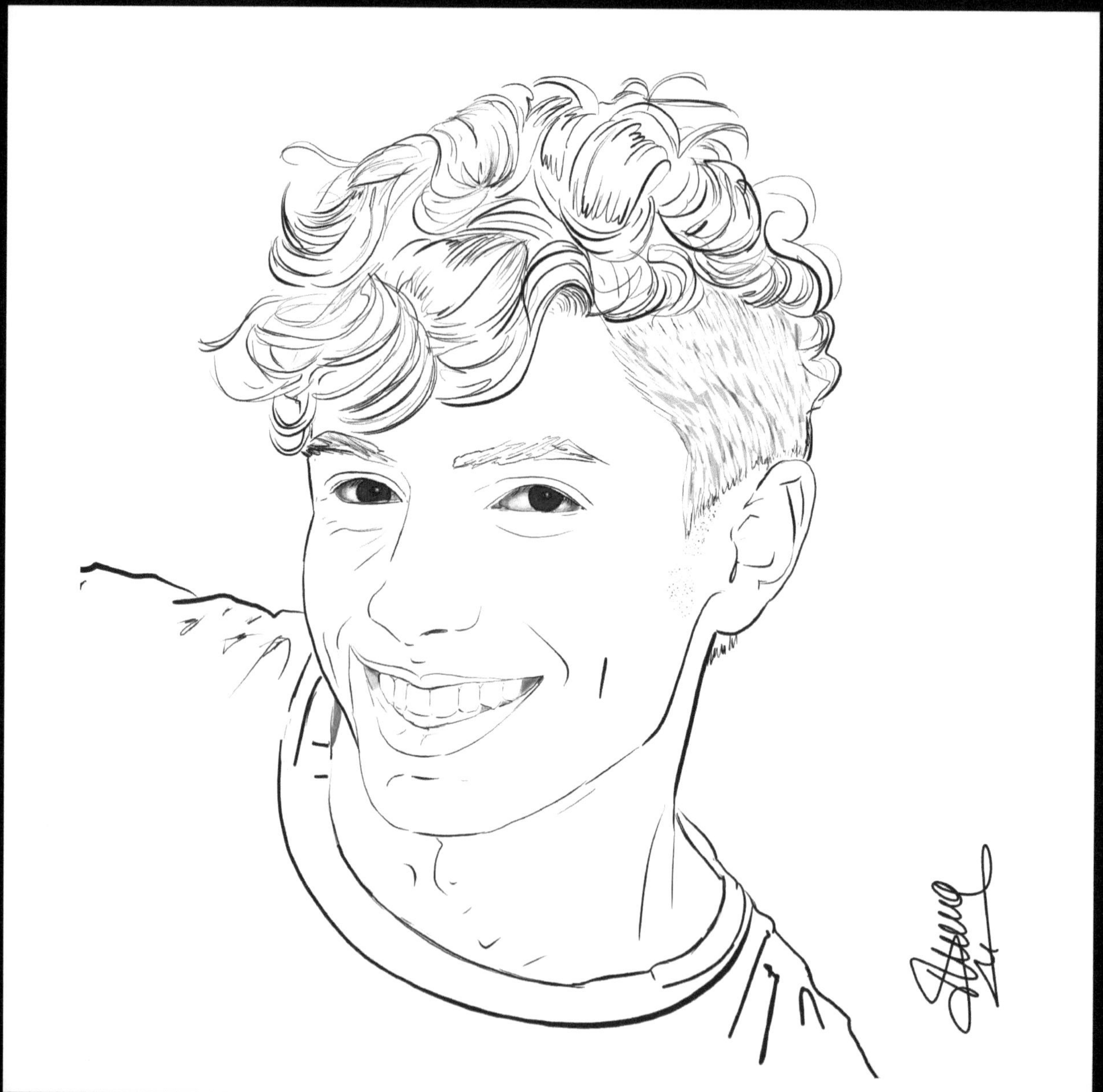

Marco Antonio

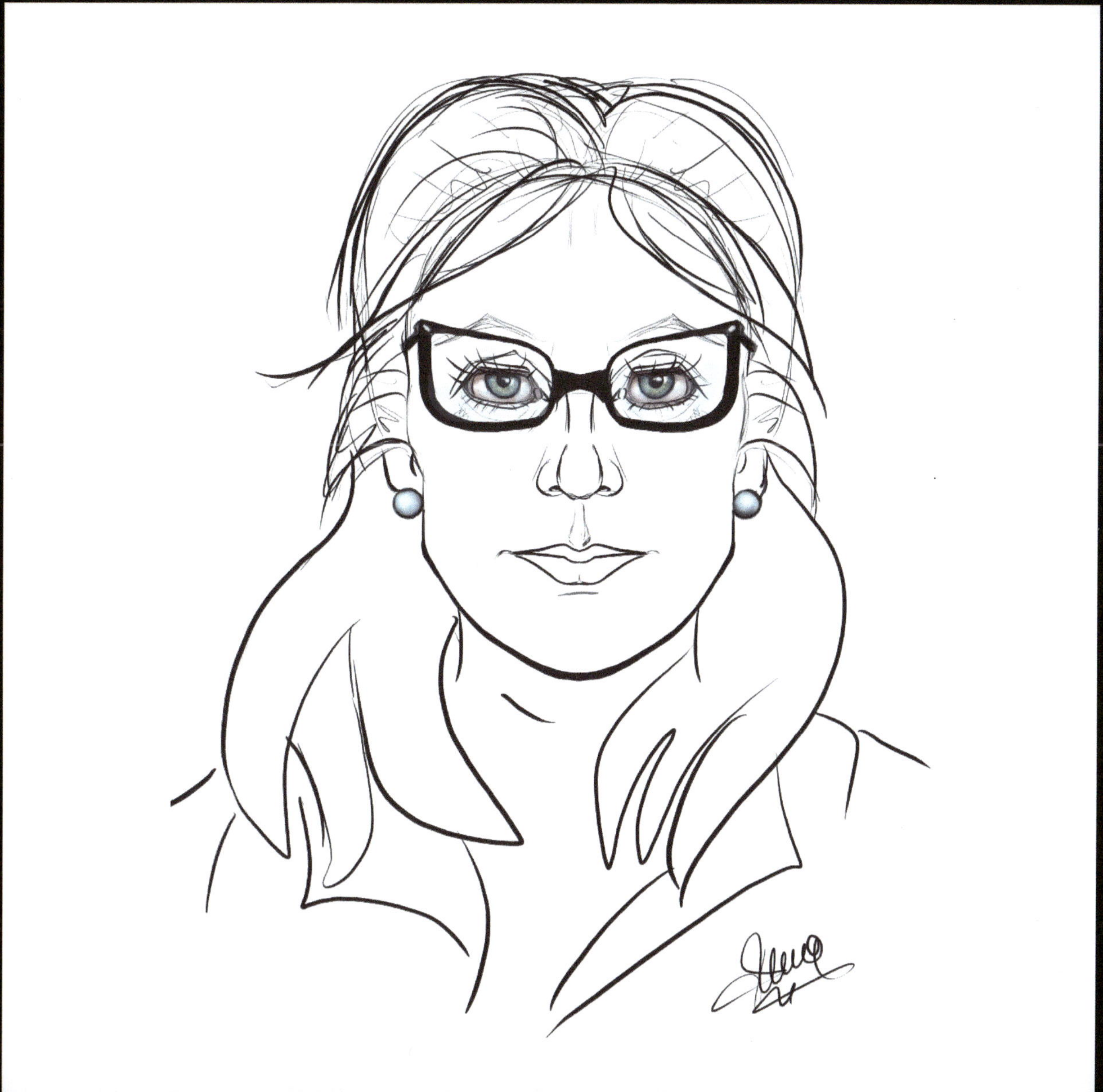

Inma

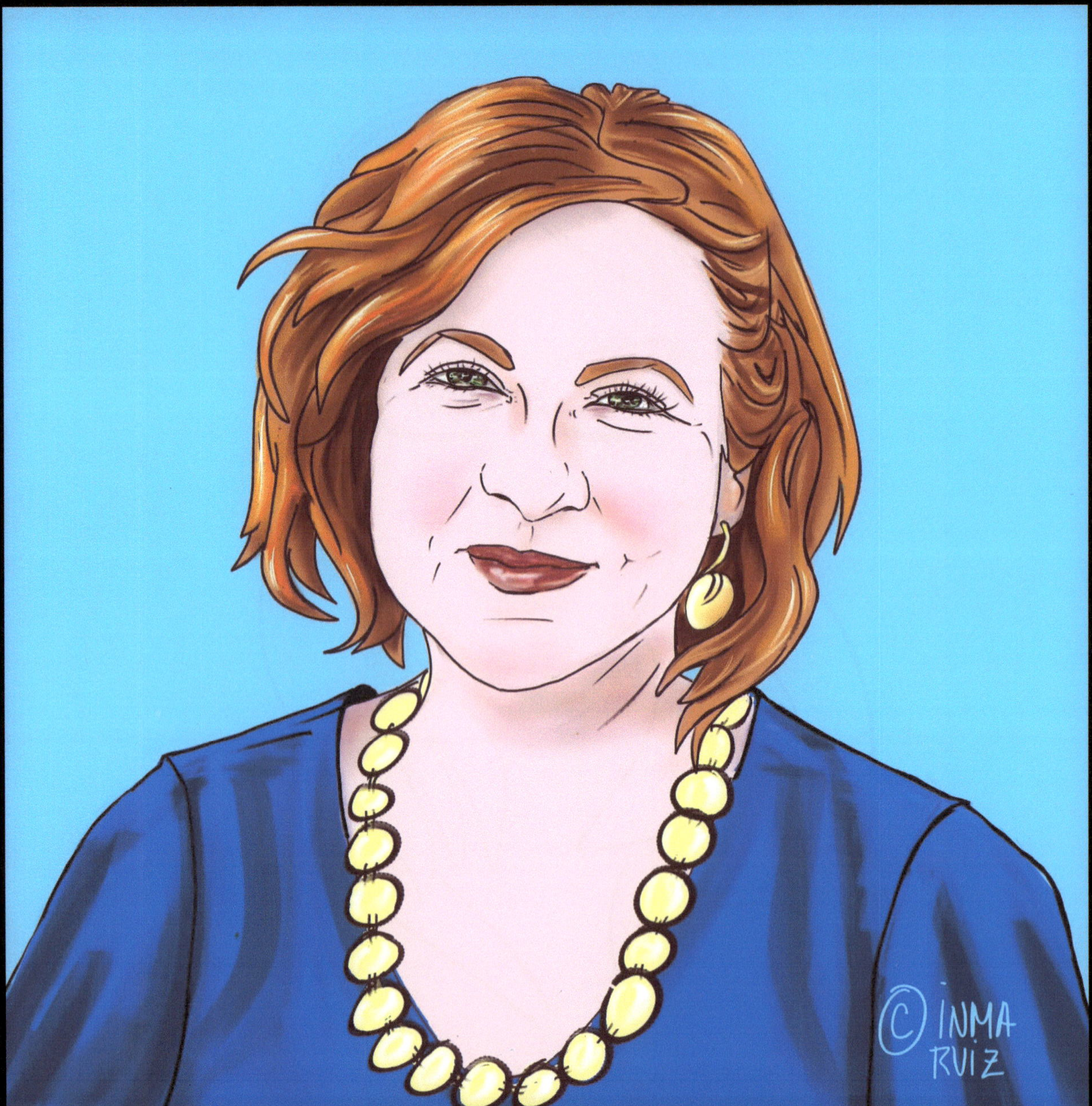

María

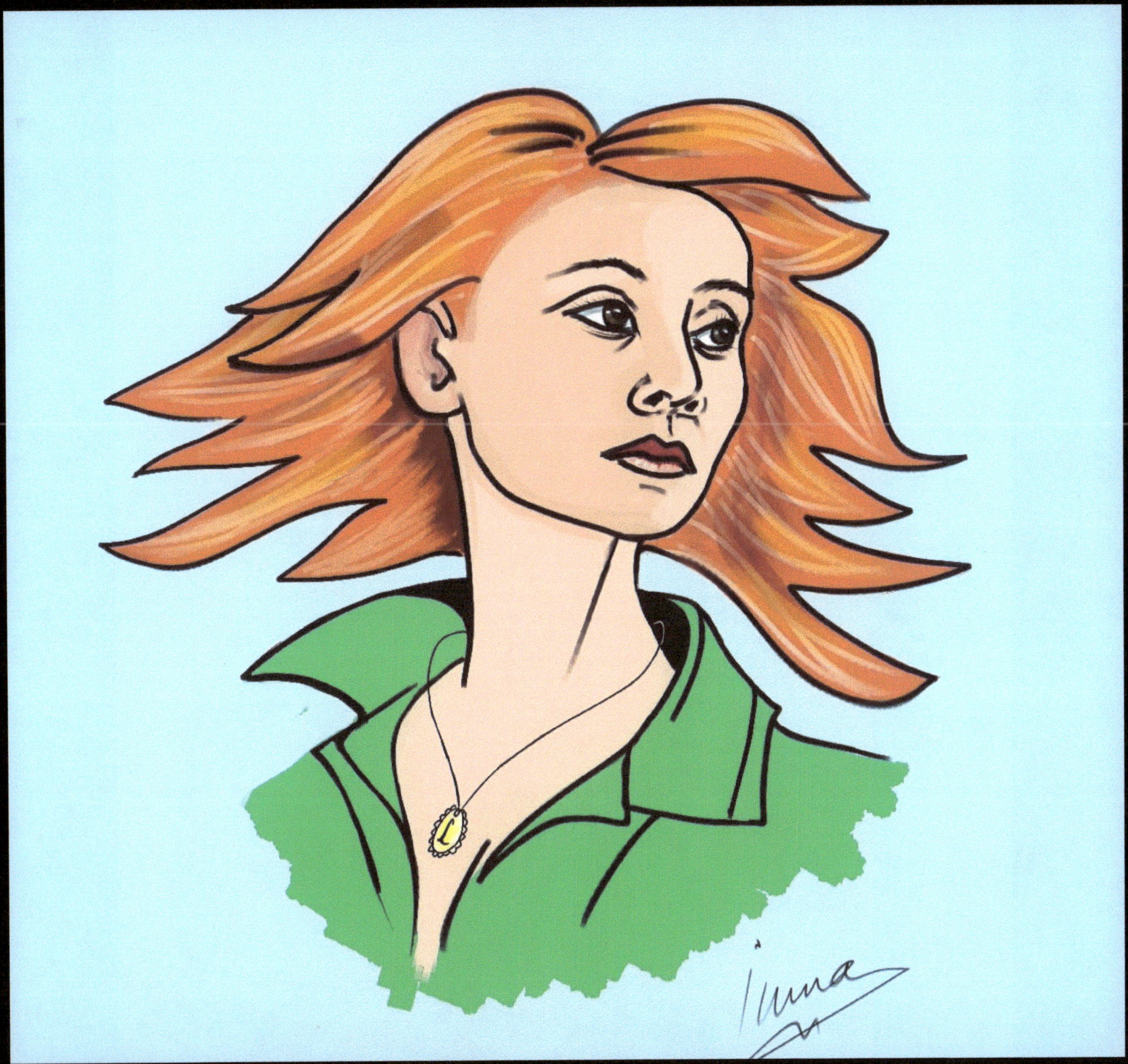

Lourdes

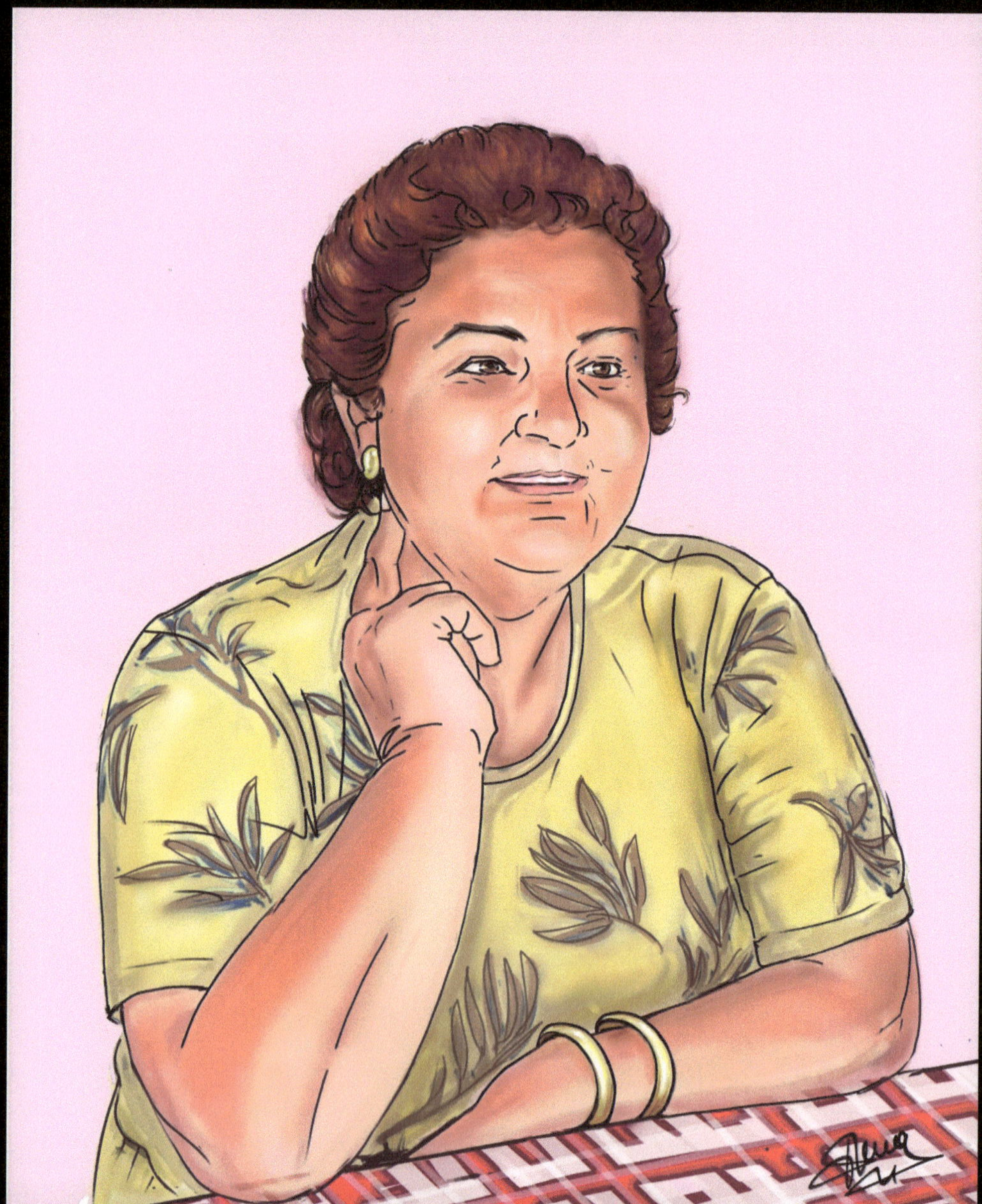

La madre de Almudena

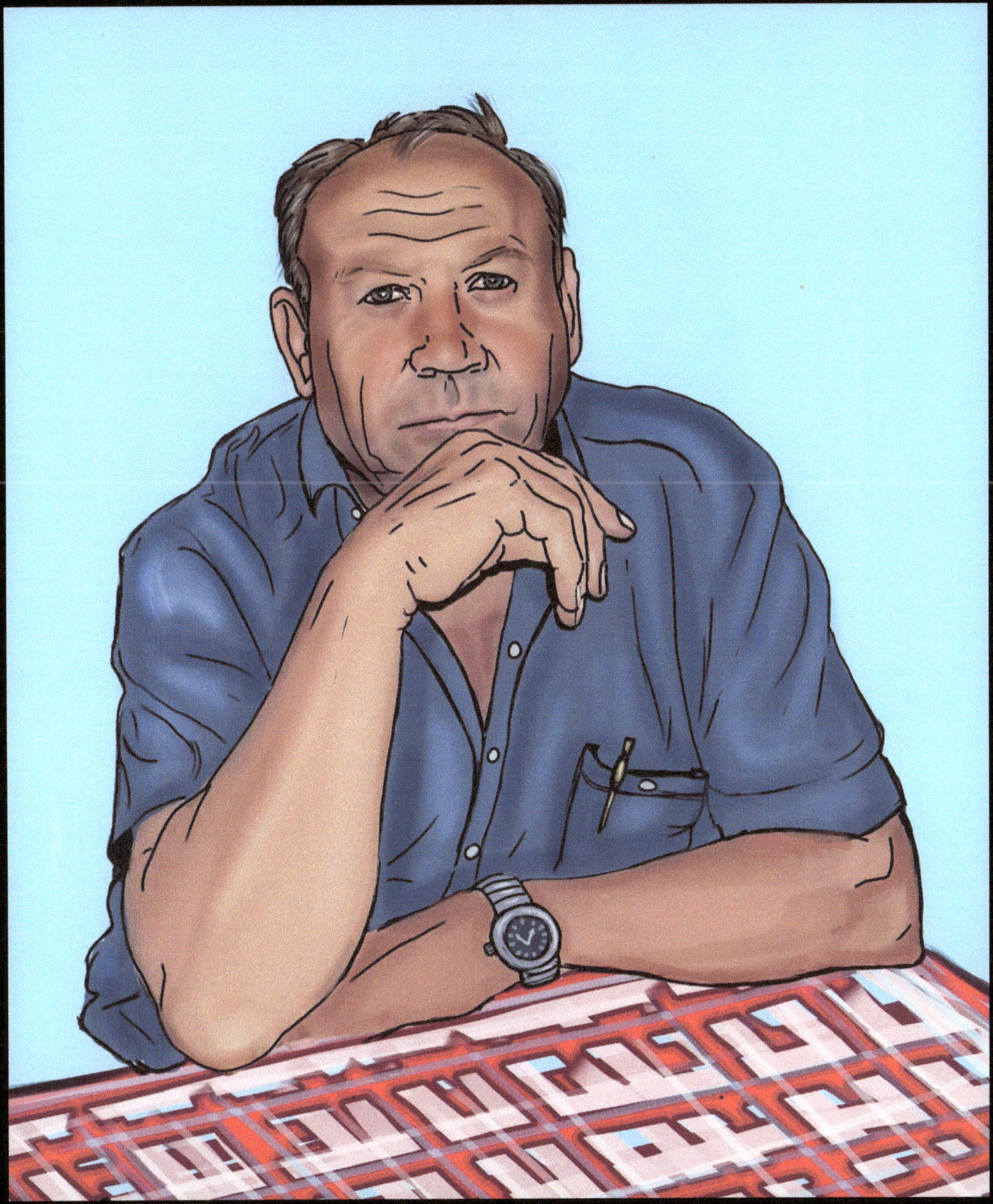

El padre de Almudena

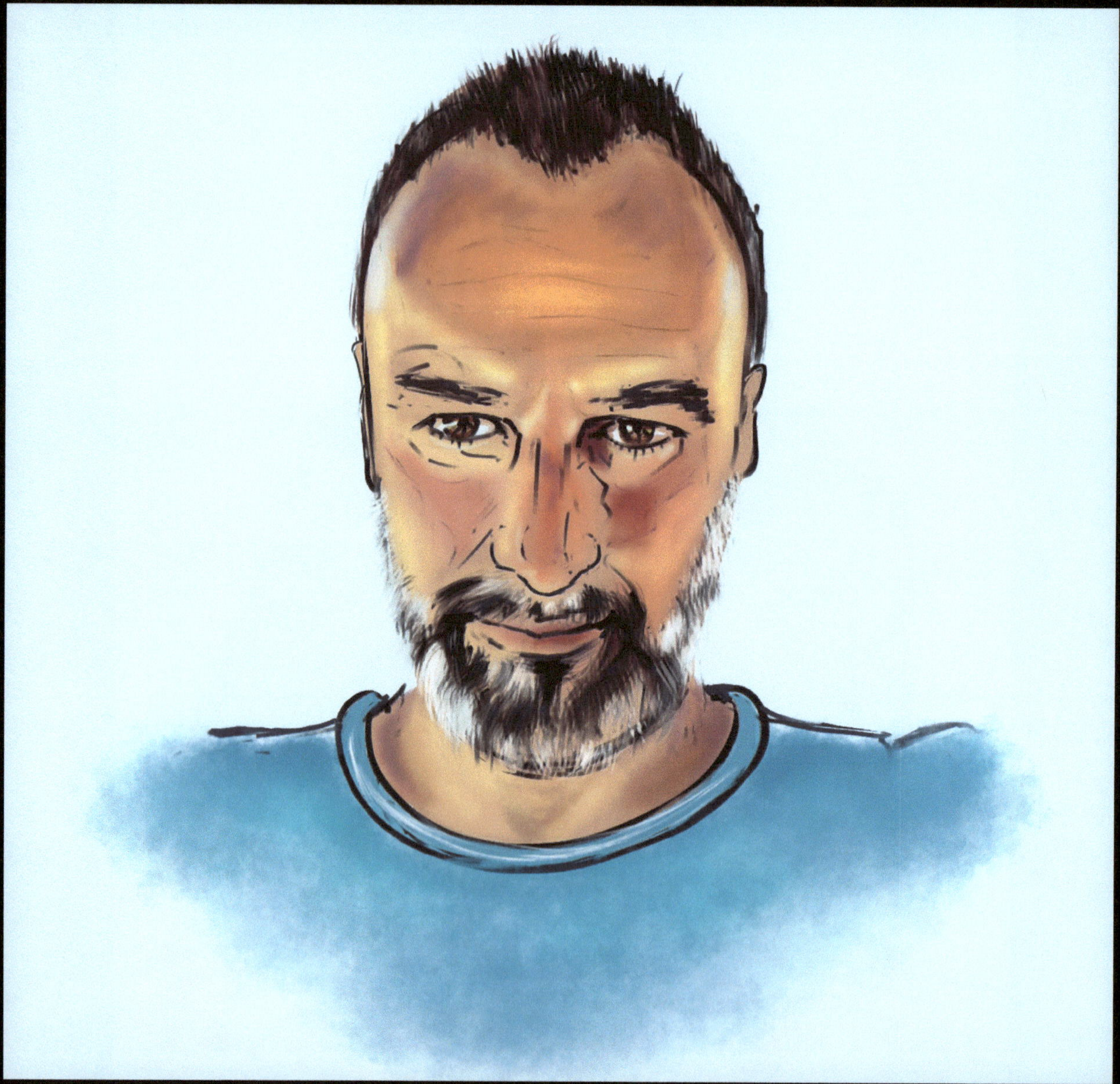

Pedro

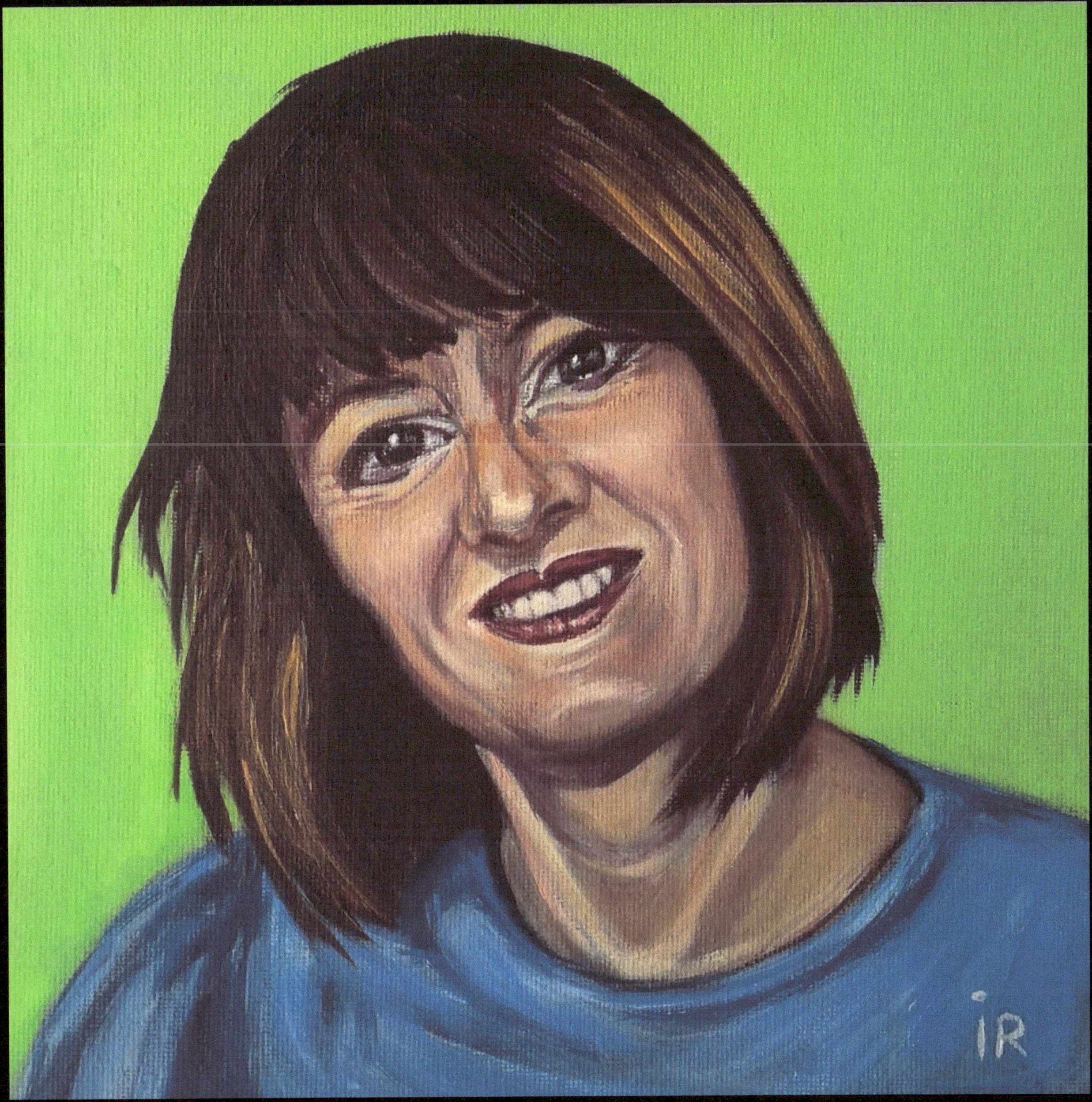

Ana Rosa

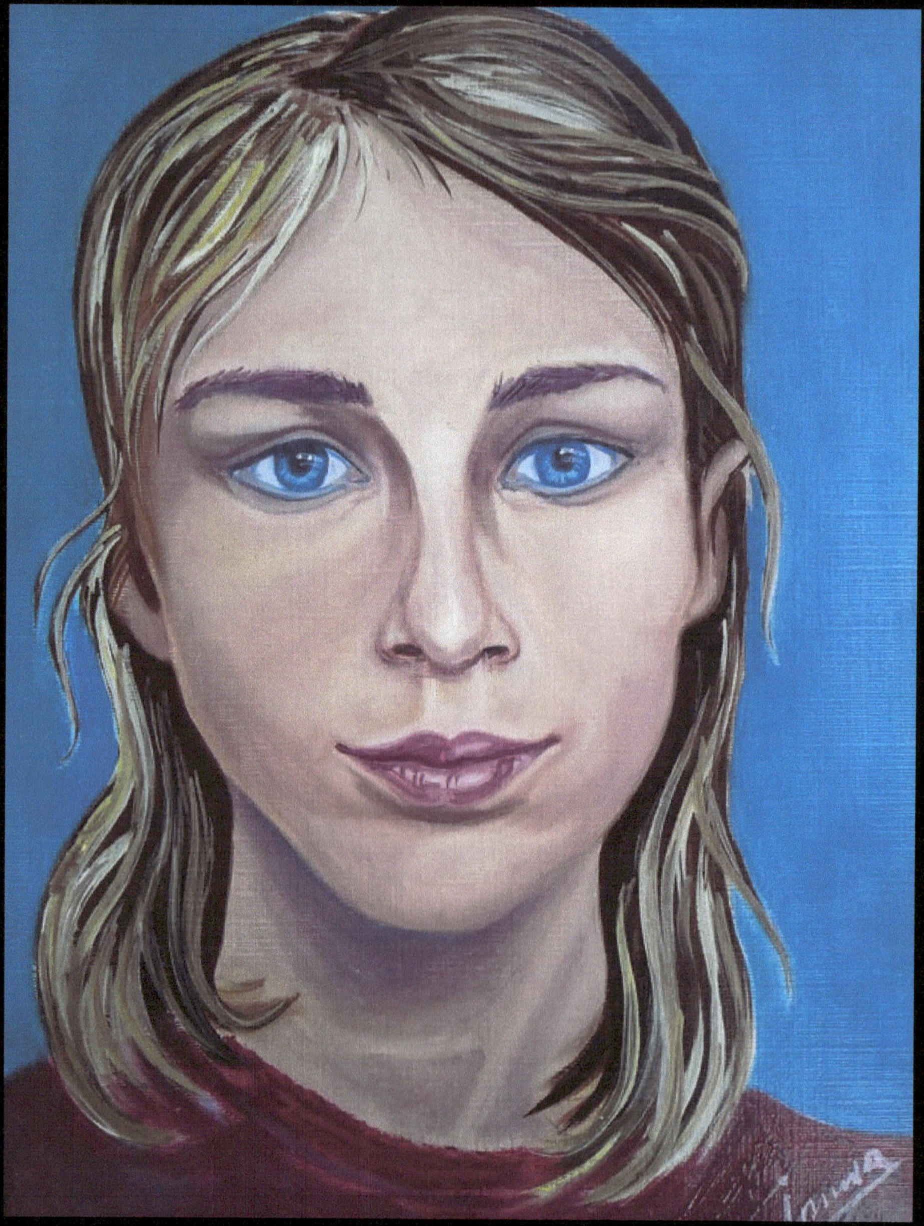

Nora

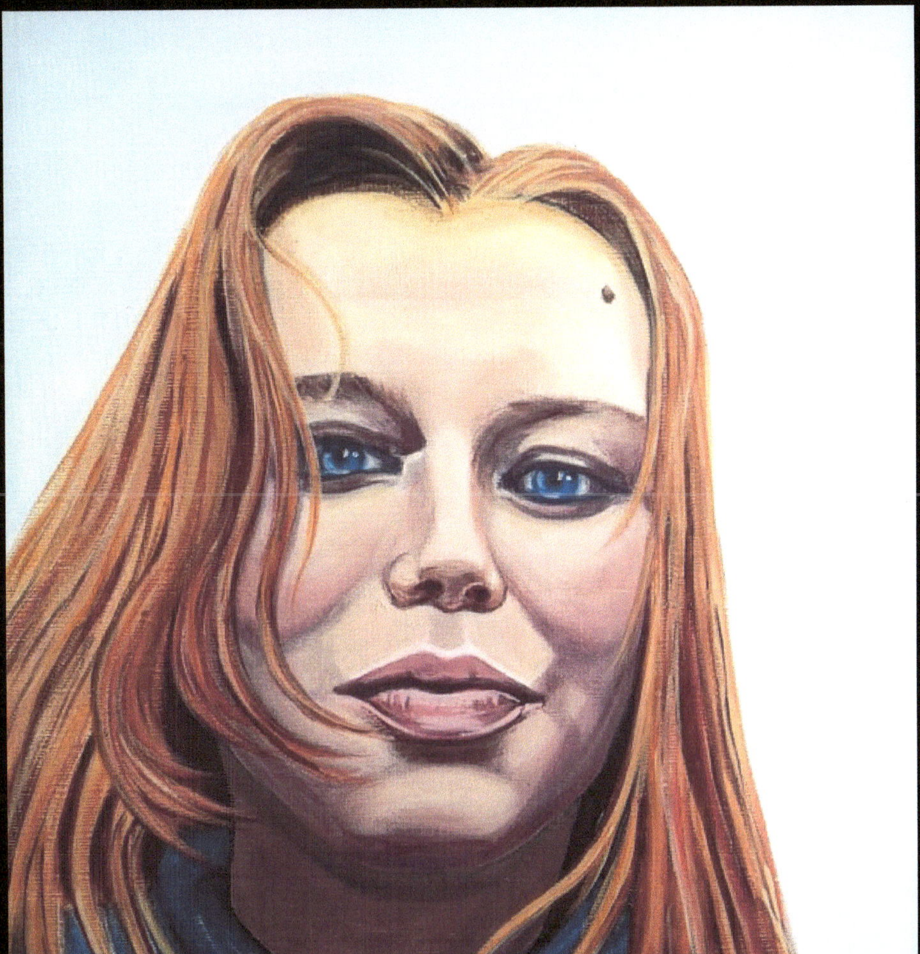

Sofi

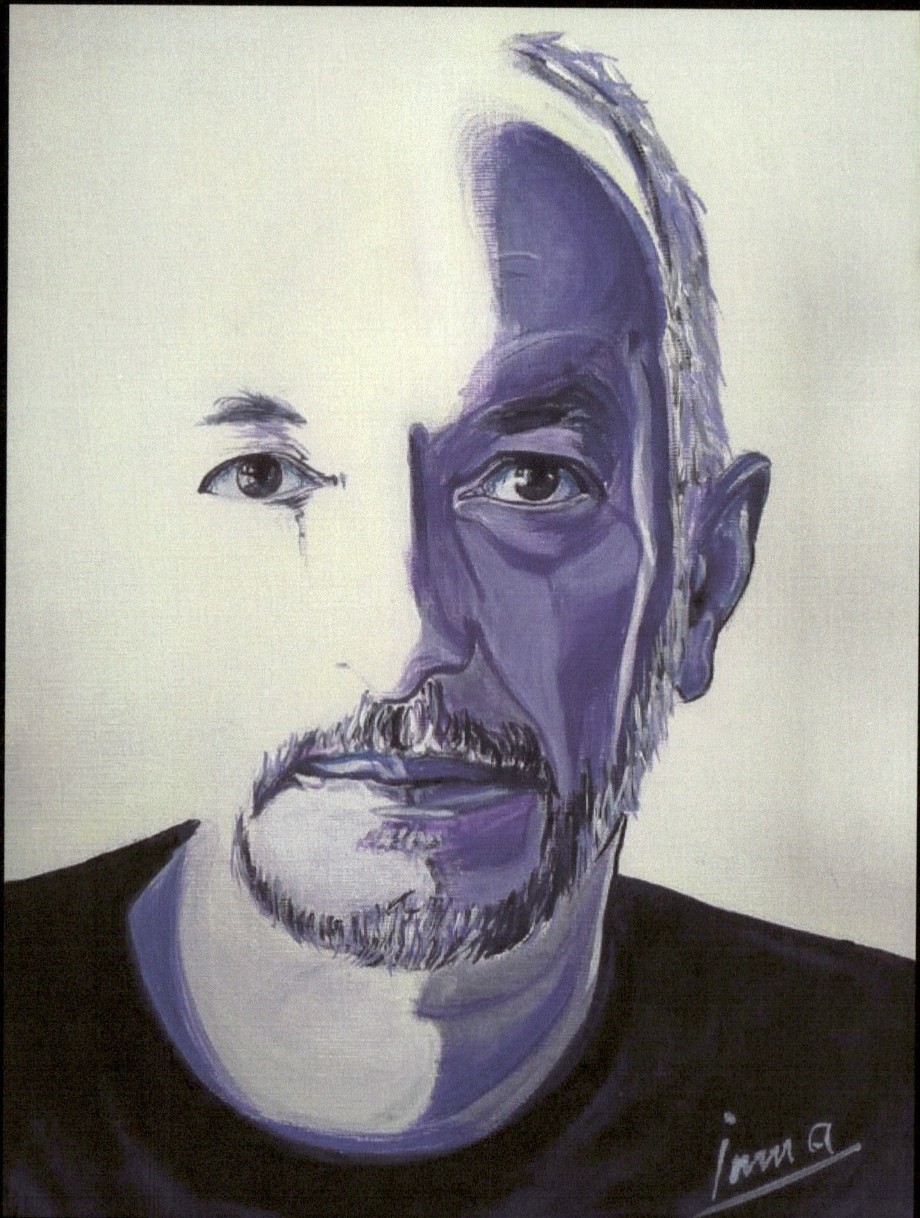

Alejandro

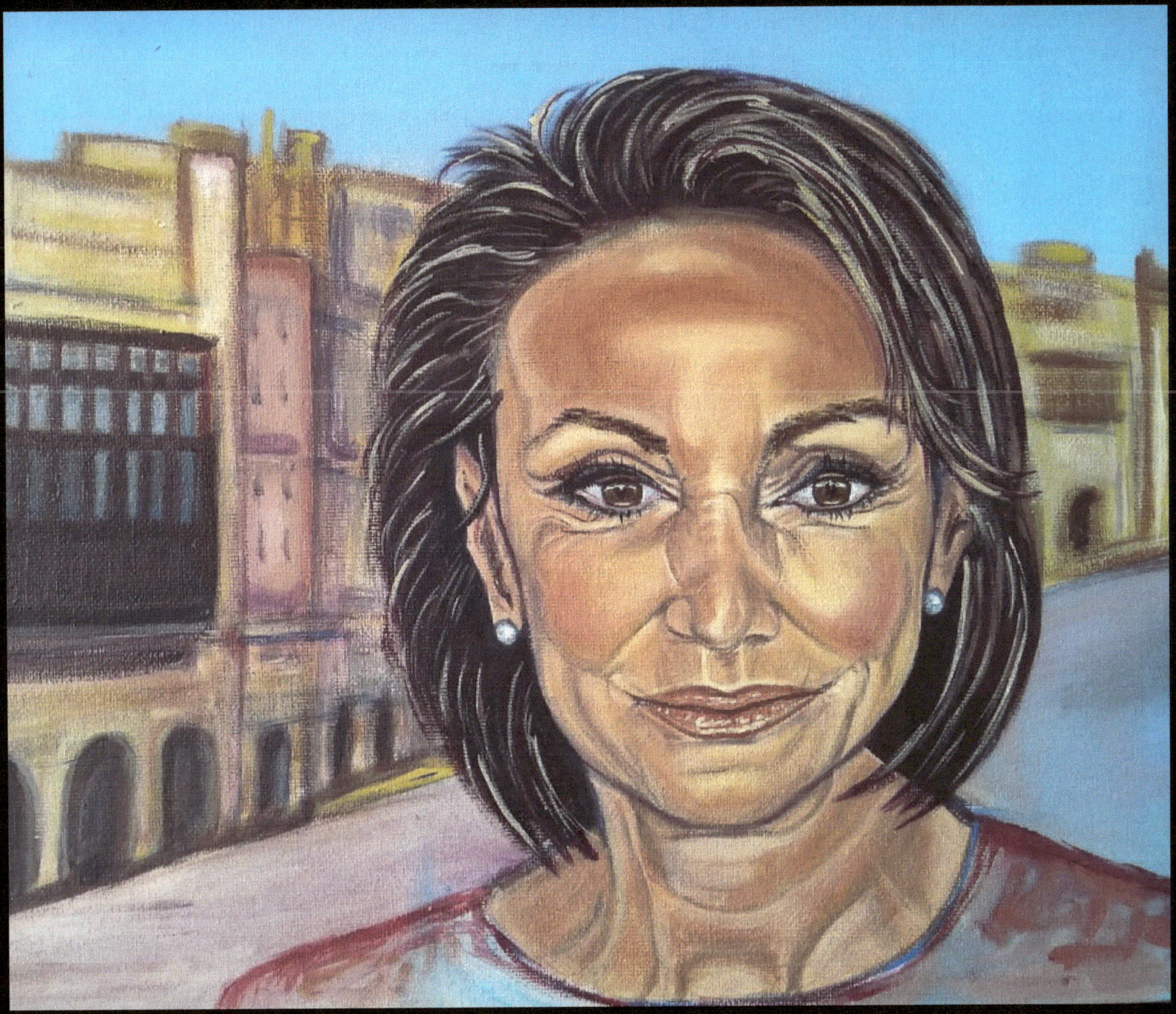

Maritza

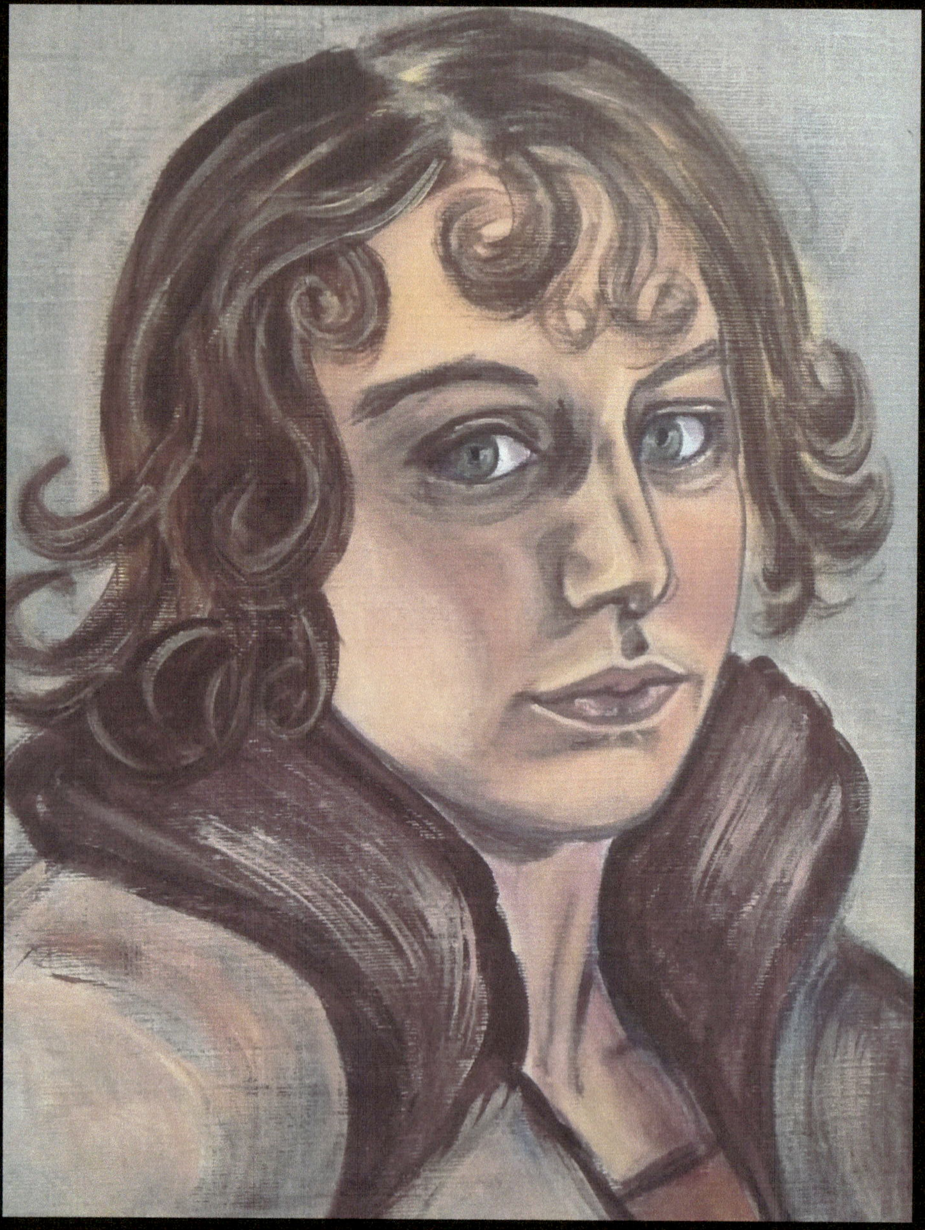

Luisa

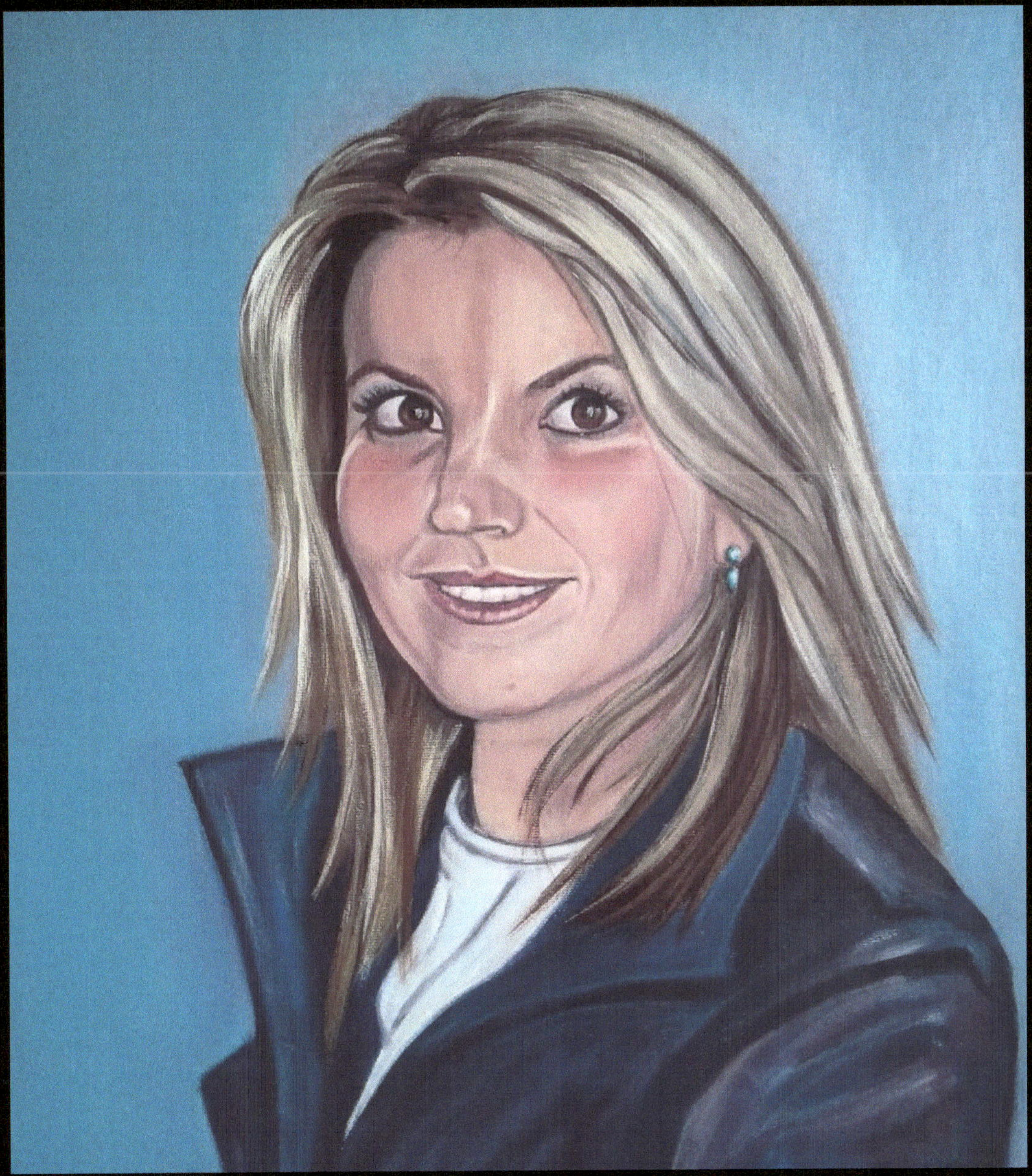

May

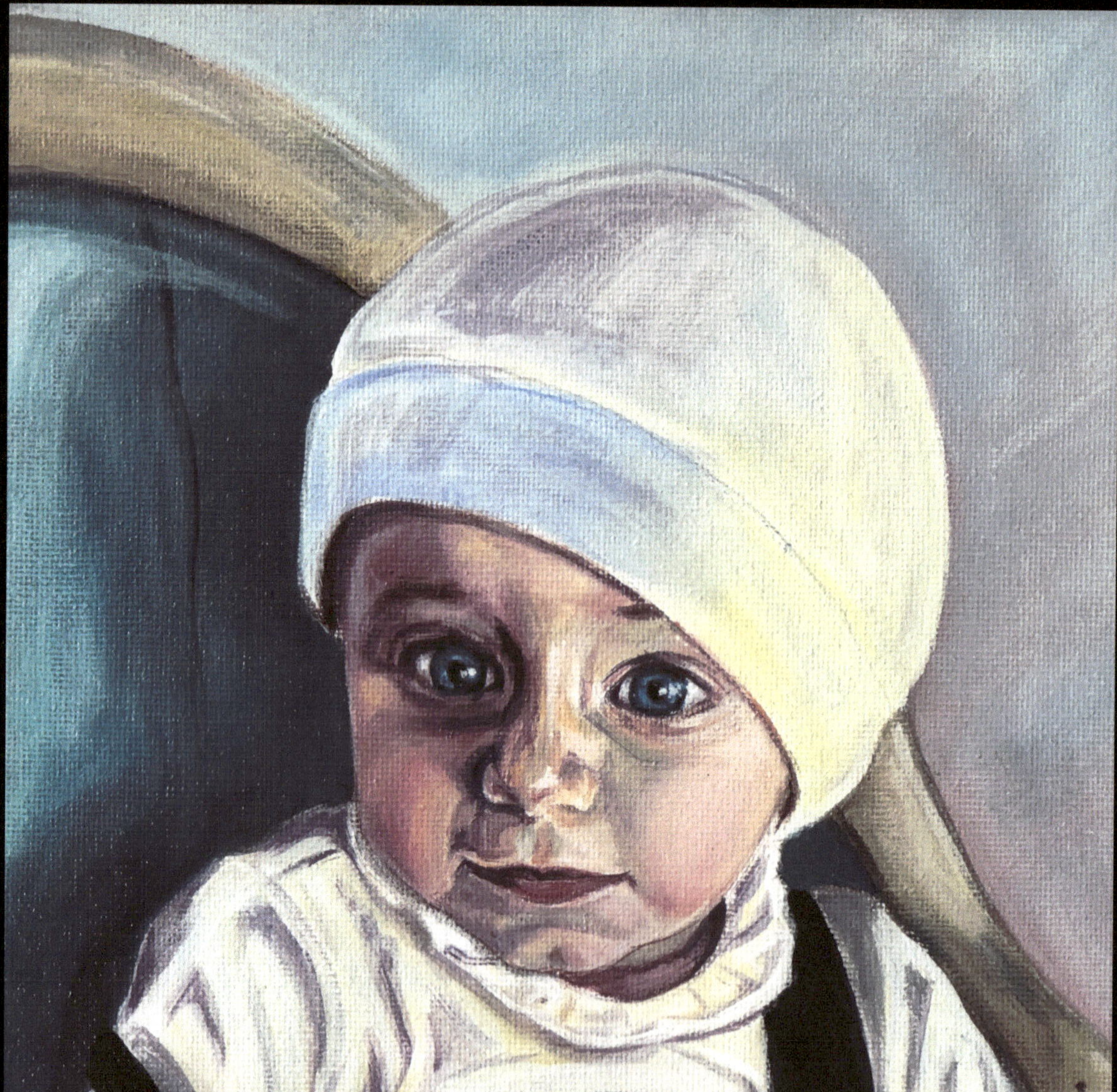

Salomé

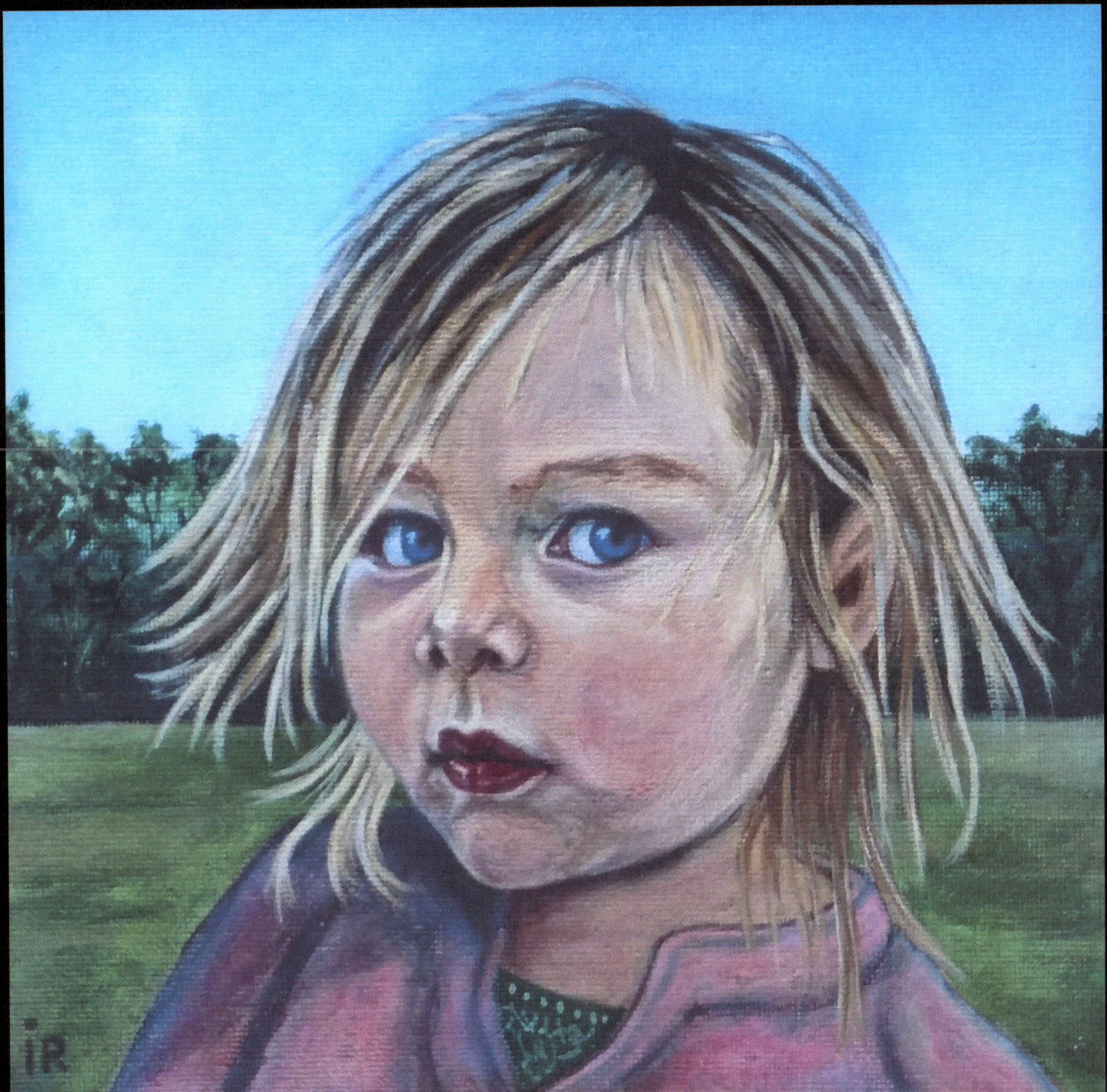

Suki

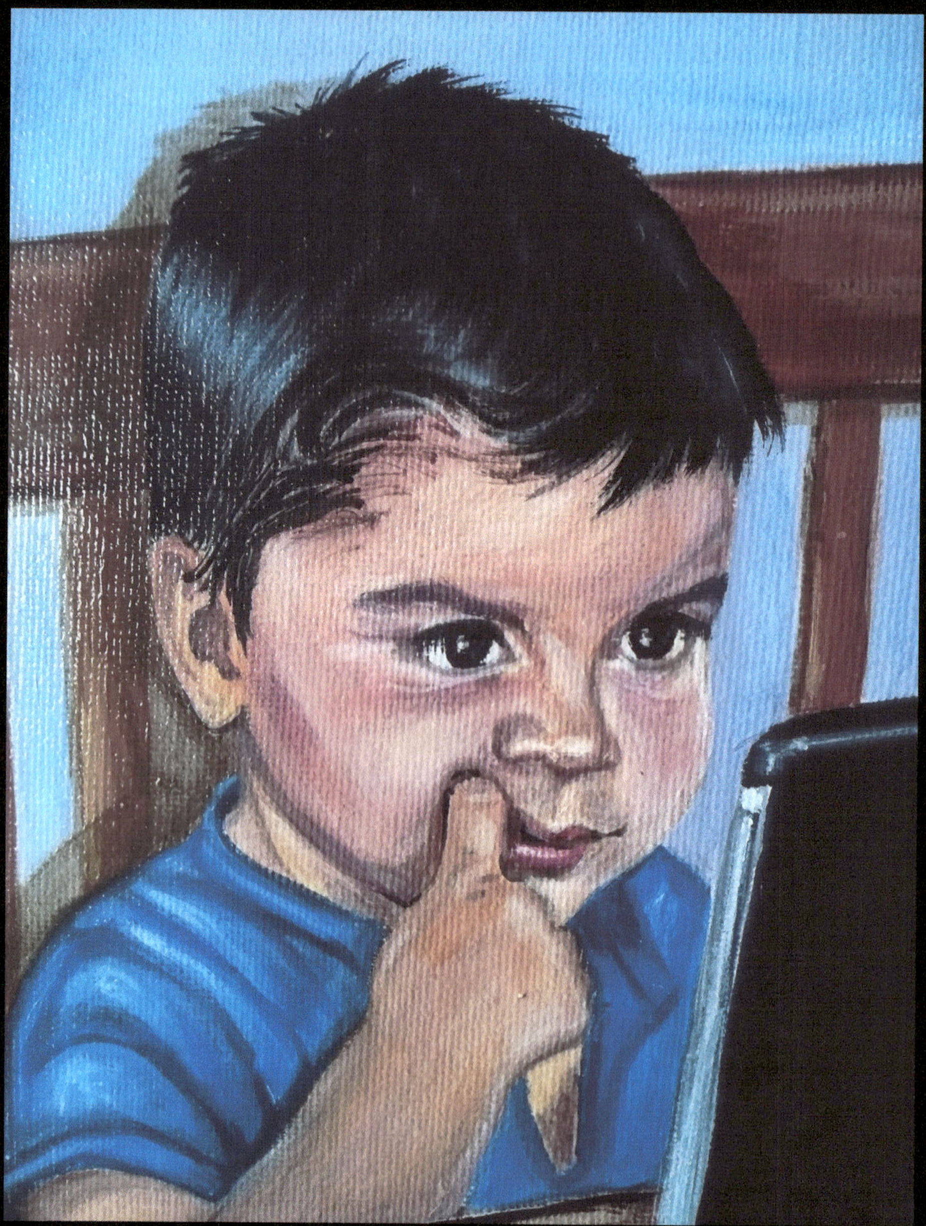

Javi

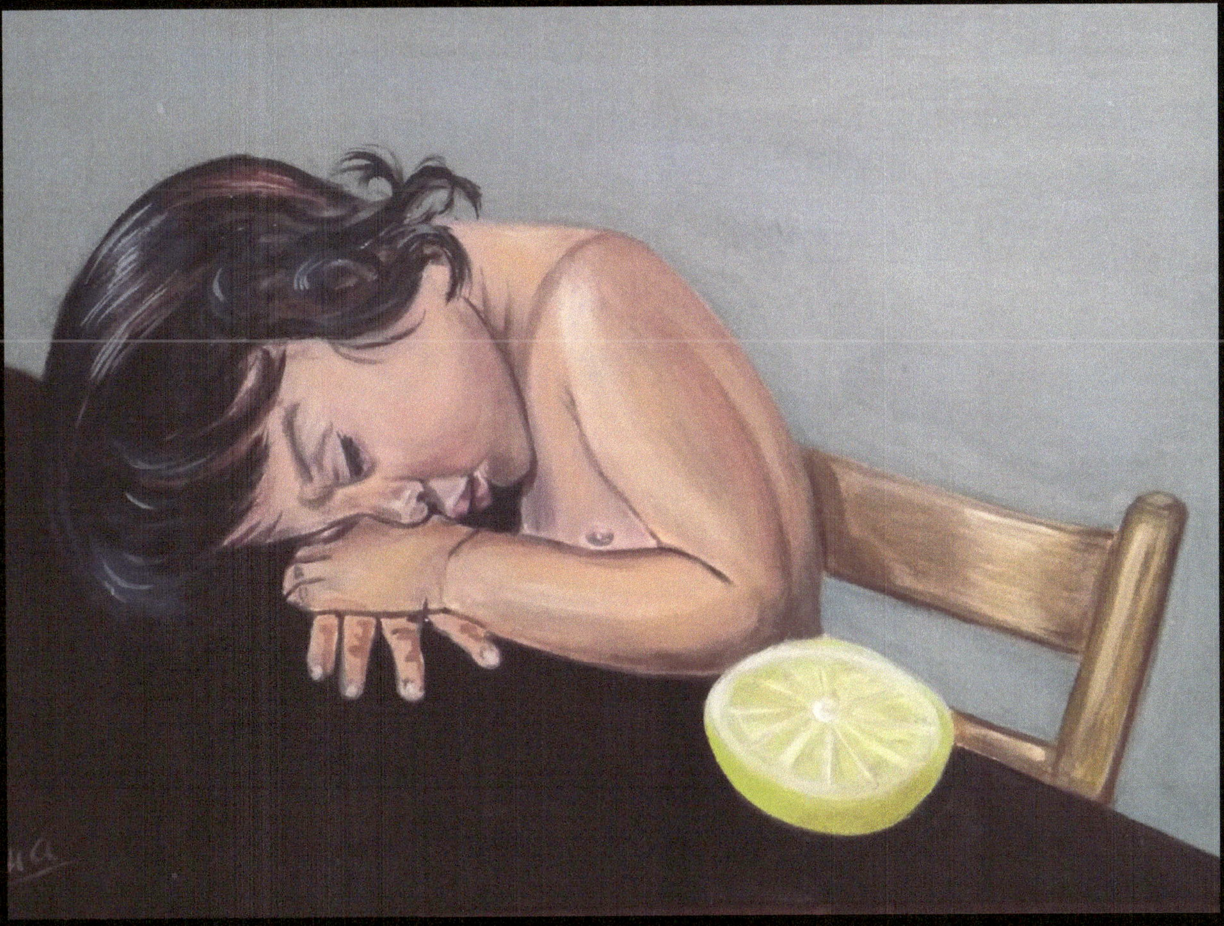

Logan

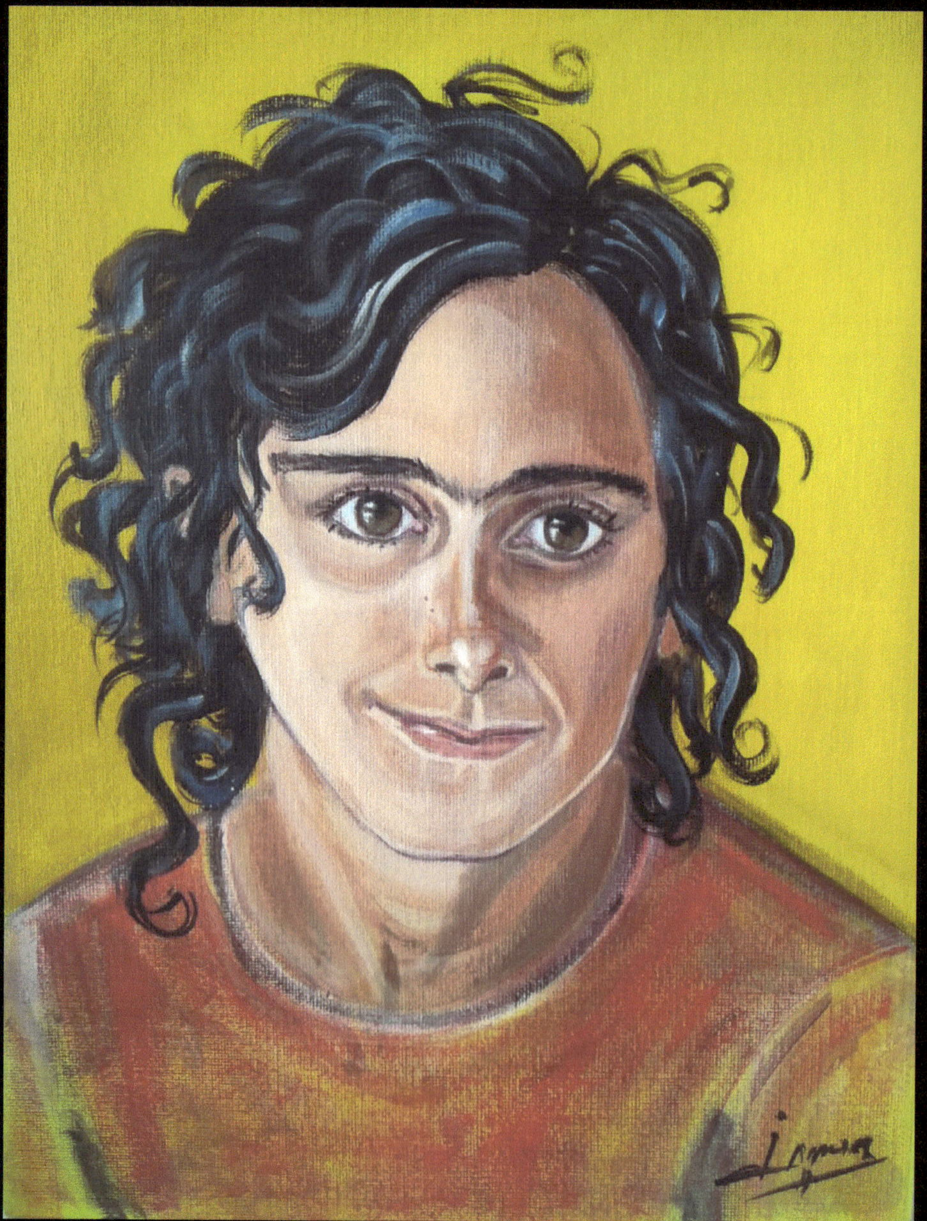

Darío

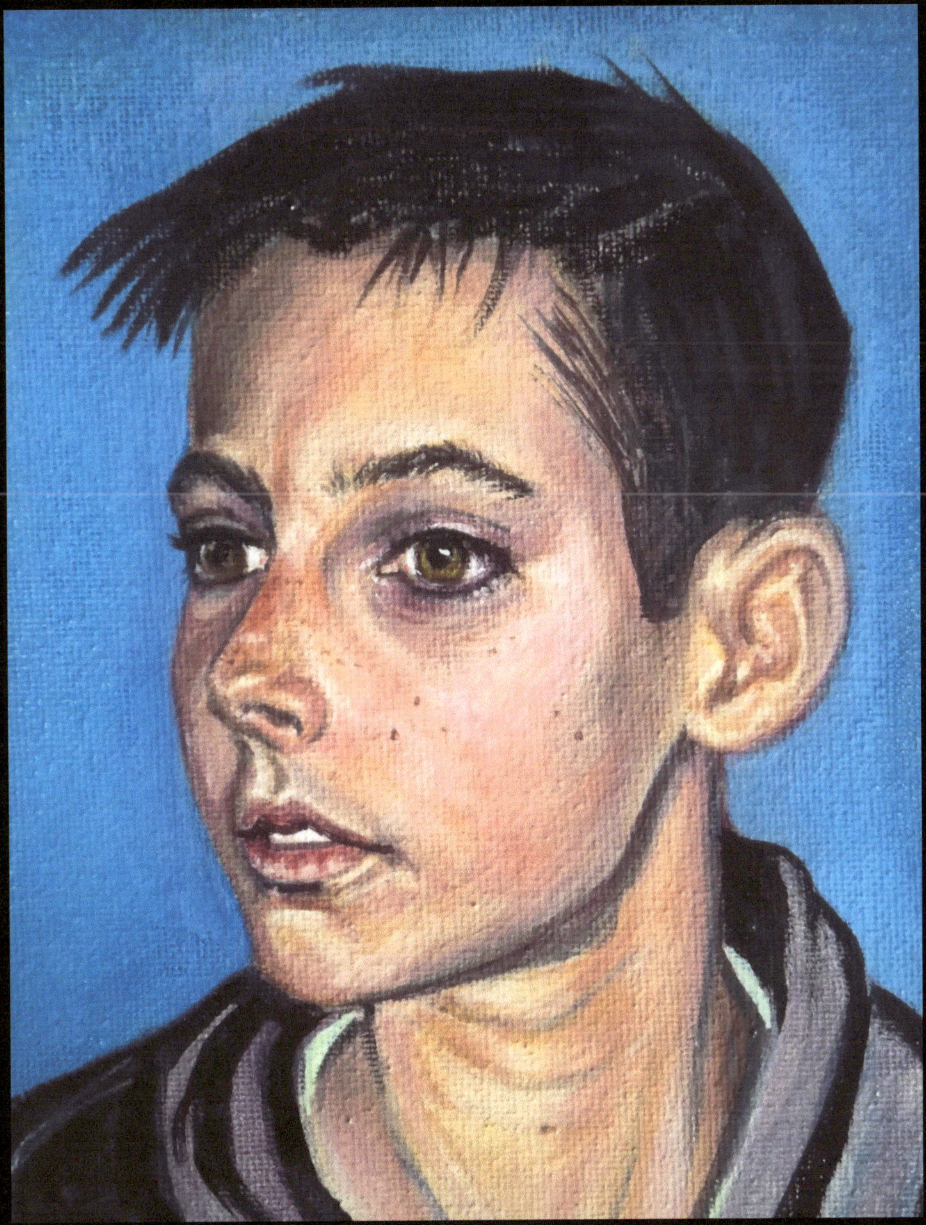

Bruno

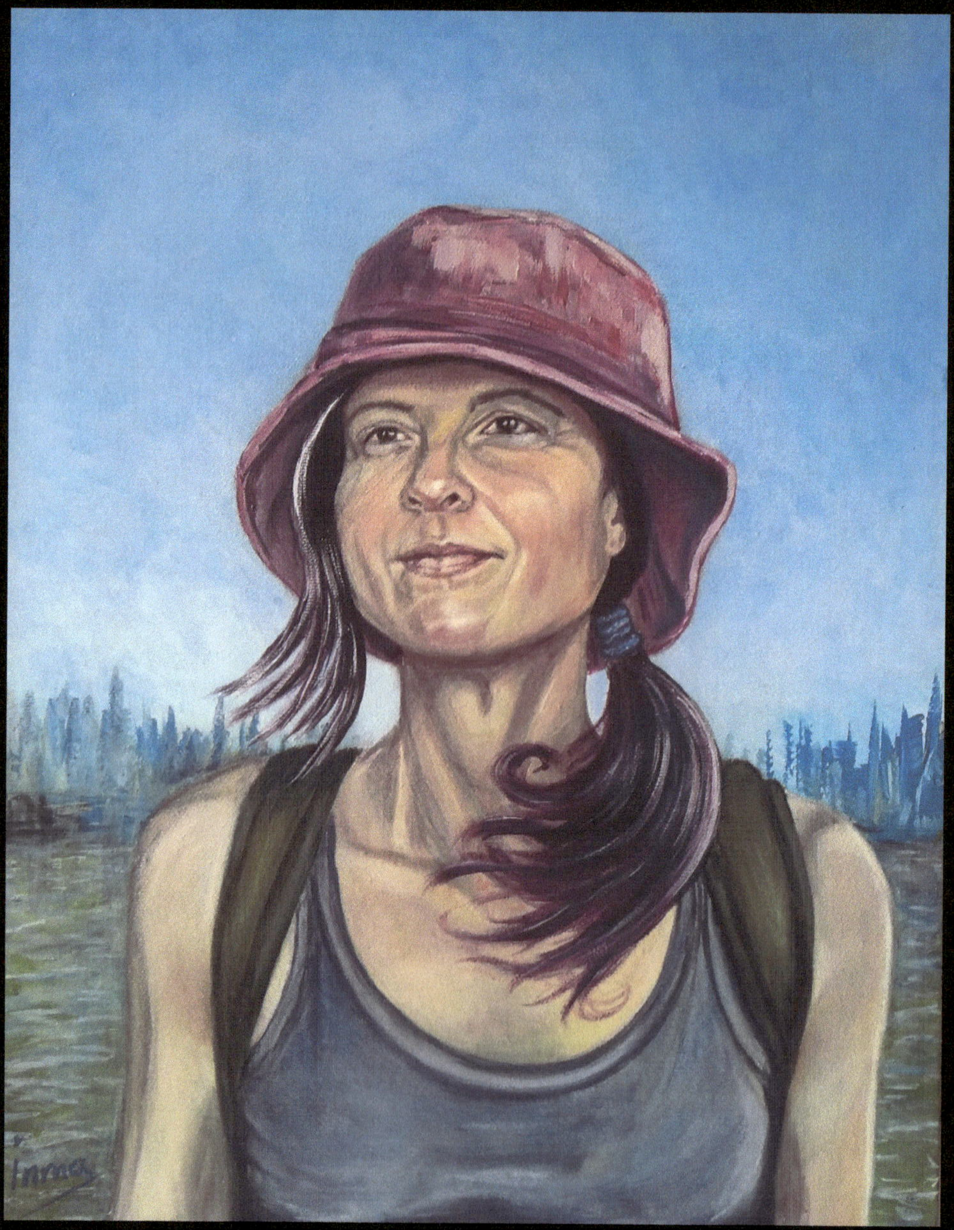

Raquel

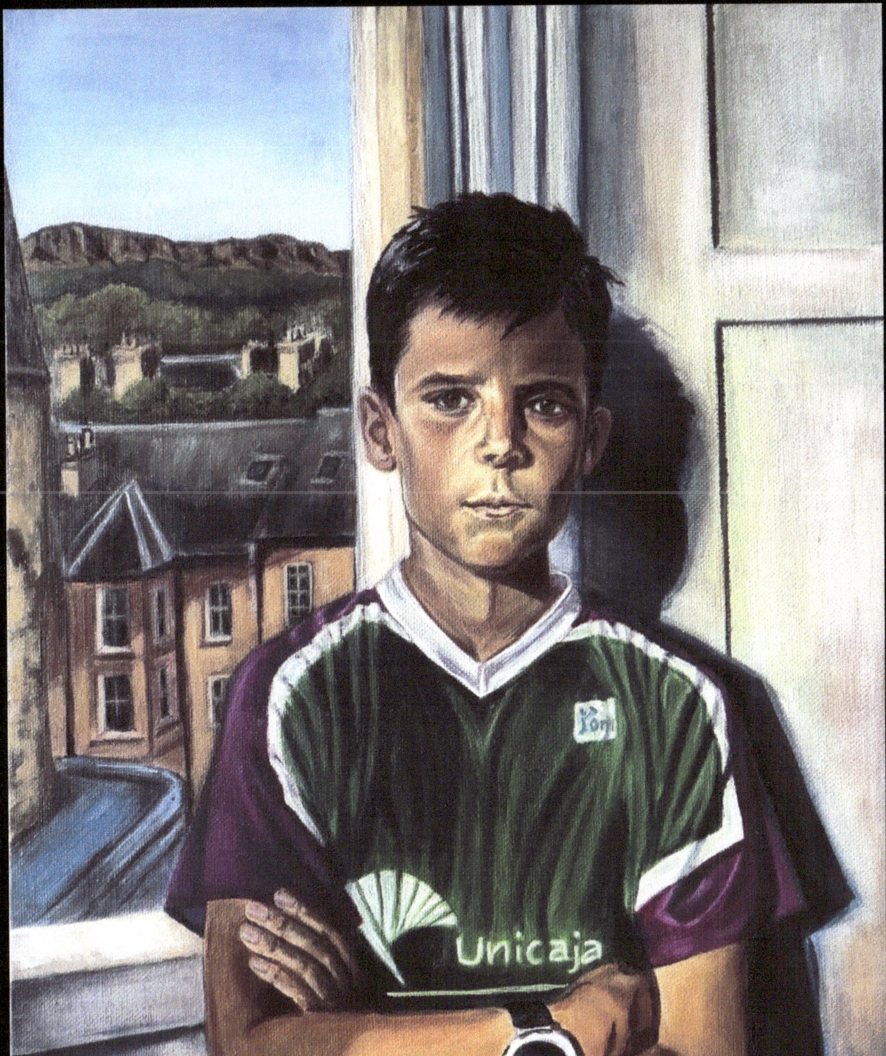

Bruno

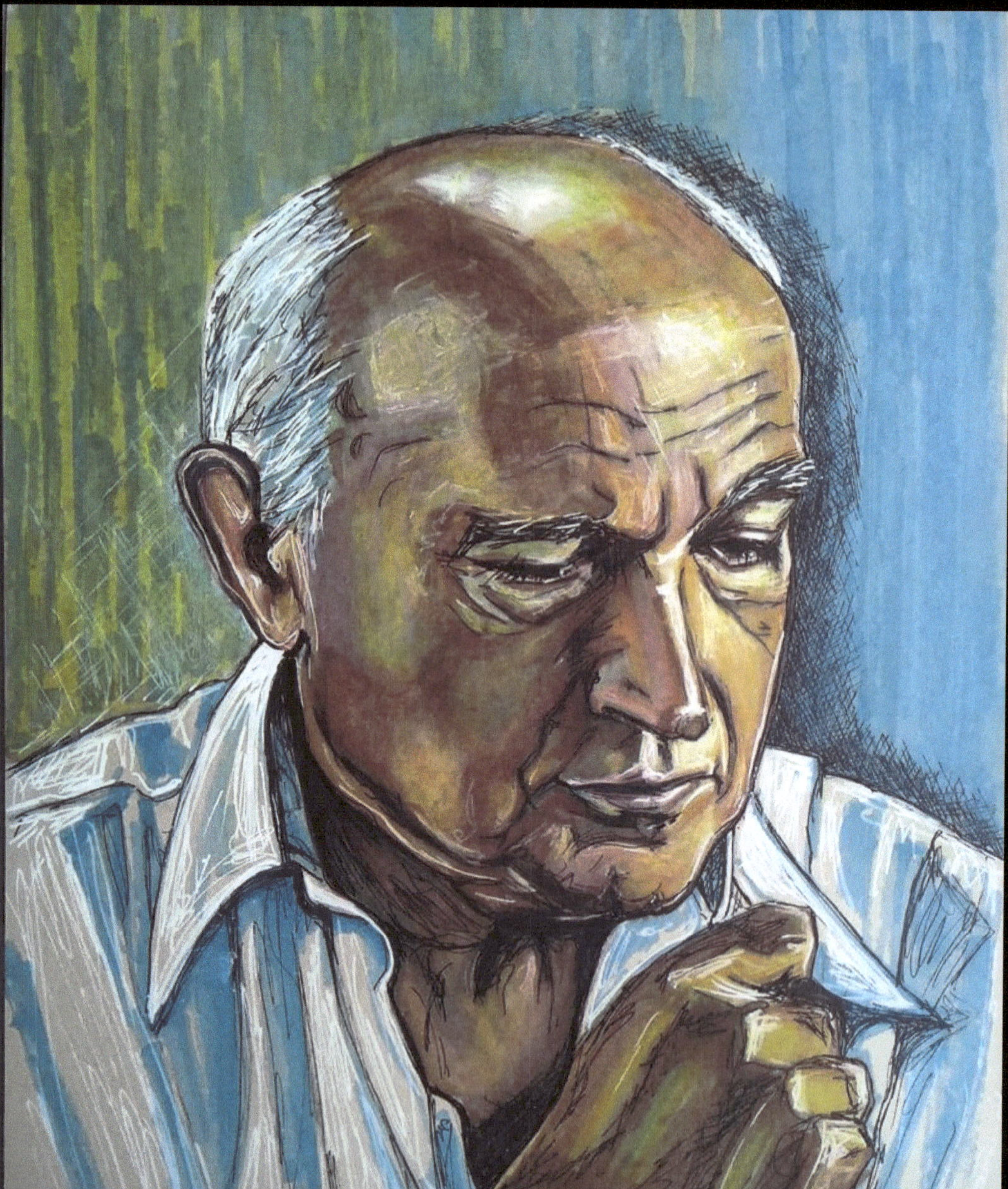

Pepe

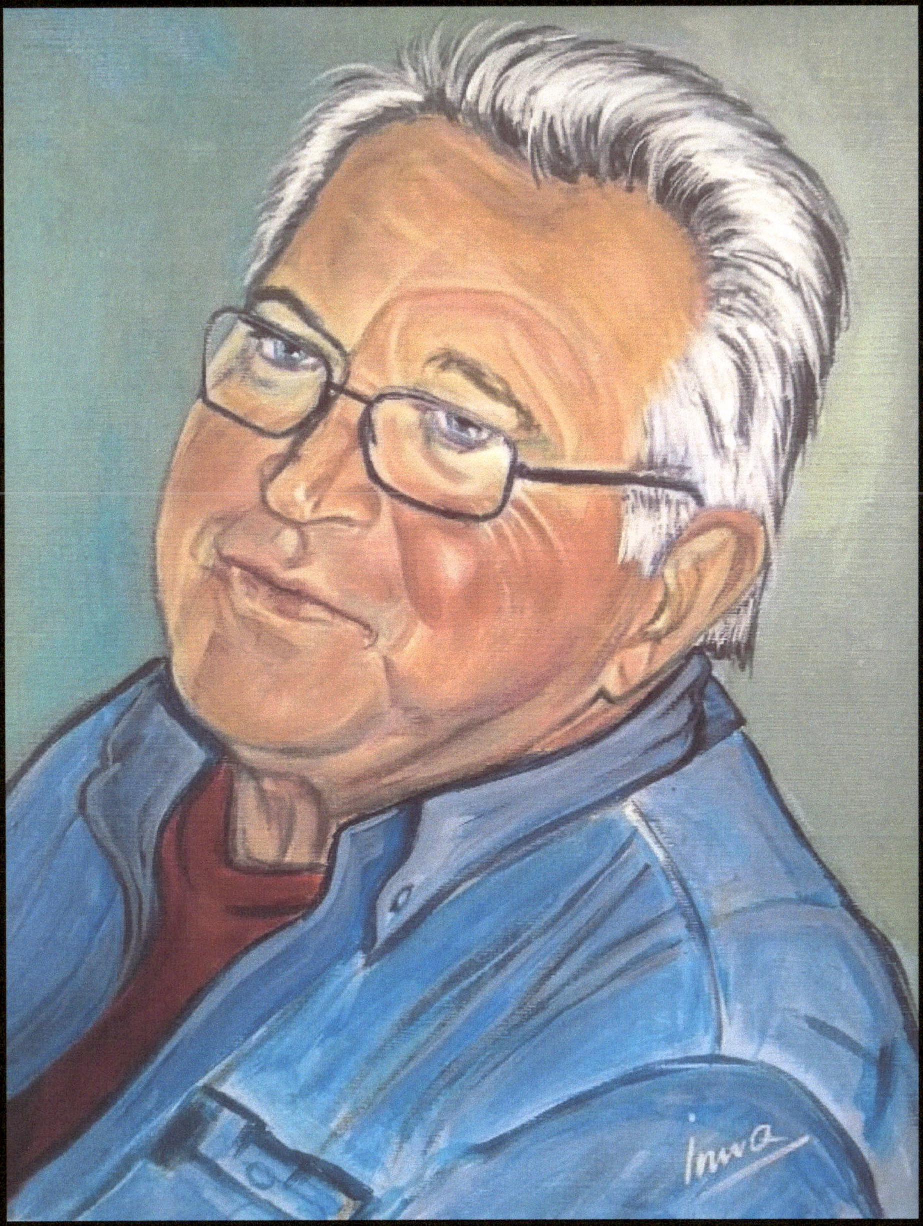

Antonio

FIN

Gracias

Para saber mas sobre la autora de estos retratos puedes visitor su página official www.inmaruiz.com

www.ingramcontent.com/pod-product-compliance
Lightning Source LLC
Chambersburg PA
CBHW051222220526
45473CB00003B/1134
* 9 7 9 8 7 4 4 6 0 6 5 0 3 *